씽크 딥

씽크 딥

씽크 딥
THINK DEEP

유디트 베르너 지음 · 배명자 옮김

**가짜 생각에서 벗어나
진짜 생각이 시작되는 순간**

page2

일러두기

방송 및 영화, 유튜브 영상, 기사 제목은 홑낫표(「」)를, 유튜브 채널명과 신문명은 겹화살괄호(《 》)를, 책 제목은 겹낫표(『』)를 사용했다.

남편 마르틴에게

목차

1부 소용돌이에 갇힌 생각

2부 달아날 수 없는 생각

THINK DEEP

1부

소용돌이에 갇힌
생각

구글이 알려 주지 않는
생각의 정체

생각은 종종 우리를 괴롭힌다. 특히 무한 루프에 갇힌 것처럼 한 가지 생각과 걱정이 계속 반복될 때 우리는 더욱 괴롭다. 전문가들은 이를 '반추(Rumination)'라고 부르는데,[1] 이것은 실제로 소의 되새김질을 설명하는 동물학 용어에서 유래했다. 물론 소도 존엄한 생명이지만, 일반적으로 나와 동일시하고 싶은 선망의 대상은 아니다. 대부분 그렇게 생각할 것이다. 그래서일까? 소가 여물을 위 사이를 오가며 되새김질하듯, 우리도 마치 건초 더미처럼 생각을 이쪽 회로에서 저쪽 회로로 이리저리 굴리며 되새긴다는 비유는 그다지 매력적이지 않다.

계속 생각에 잠겨 있다 보면 상당한 에너지가 소모된다. 그 생각이 걱정이나 불안과 관련되었다면 더 빨리 닳는다. 이렇게 마구잡이로 낭비하면 다른 곳, 특히 결정을 내릴 때 써야 할 에너지가 부족할 수 있다. '생각 과잉(Overthinking)'이다.

생각 과잉은 우리를 쉽게 지치게 만들기 때문에 모두가 생각 과잉에서 벗어나기 위해 애쓴다. 초원에 사는 소처럼 느긋하게 하나의 생각을 되새김질만 해서는 인간으로서 삶을 꾸려가기란 불가능하다. 일상생활에는 크고 작은 무수한 결정이 필요하기 때문에 한 가지 고민에만 갇혀 있으면 당연히 스트레스가 생긴다.

그러다 보니 구글에 생각 과잉을 검색하면, 그것을 멈추기 위한 무수한 조언이 쏟아져 나오는 것도 당연하다. 상위 검색 결과에서는 주로 보험 회사들이 생각 과잉 때문에 생기는 건강 문제를 경고한다. 라이프 스타일 잡지도 "주의를 돌리는 방법을 찾으세요!"[2], "현재에 집중하세요. 좋은 순간을 의식적으로 음미하세요. (중략) 그러면 생각의 쳇바퀴에서 벗어날 수 있을 거예요"[3] 하며 앞다투어 다양한 정보를 제공한다.

심지어 이 주제를 다루는 라이프 스타일 코치들의 온갖 조언은 나날이 과감해져서 신비주의를 연상시키기도 한다. 그런 조언들은 무엇보다도 코치들의 재정 상태에 많은 도움이 될 것이다. 하지만 결국 그 무수한 해결책의 핵심은 거의 비슷하다.

생각을 끝내세요! 생각을 그만 멈추라고 외치세요!

언뜻 그럴듯하게 들리고, 곰곰이 생각하면 어느 정도 수긍도 된다. 생각이 너무 많아서 문제라면 생각을 멈추면 되는 일이다. 그렇지 않은가?

아니, 그렇지 않다. 그 이유는 여러 가지다. 우선, 생각이 많은 것은 인간의 자연스러운 반응이다. 이것부터 인정해야 한다. 인류 역사를 돌아보면 오늘날에는 생각 과잉으로 간주되는 많은 증상들이 생존에 필수였던 시대도 있었다. 예를 들어 석기 시대에는 근처 덤불 뒤에 검치호랑이가 도사릴 확률을 예측할 수 있었던 사람만이 살아남았다. 그들은 주의력과 예측 능력을 꾸준히 발전시켰다. 이 능력들은 위협을 미리 생각하고 파악해 안전한 행동 패턴을 확립하는 데 도움이 되었다. 당연한 말이지만 검치호랑이는 생존에 결코 좋은 영향을 미치지 않는다. 그러니 생각에 재능이 없는 사람은 검치호랑이의 먹이가 될 수밖에 없었다. 일종의 자연선택인 셈이다.

즉, 인간은 생존하기 위해 생각하고, 상상하고, 되새겼다. 생각을 잘하는 인간이 진화에서 유리했다. 다행히 오늘날에는 맹수의 위협이 거의 없지만, 여전히 우리는 생각하고, 상상하고, 되새긴다.[4] 생각을 멈추는 것은 본능을 거스르는 일이다.

하지만 생각을 멈추라는 조언에 반대하는 주된 이유는 따로 있다. 근본적으로 그 조언이 전혀 효과가 없기 때문이다. 애초에 그렇게 쉽게 멈출 수 있었다면 '무한 루프'라고 부르지도 않았을 것이다. 생각 과잉의 본질은 반복이다. 우리를 무한 루프에 가두는 생각들은 고집이 세고, 어디서든 오래 버티기를 좋아한다.

이런 생각에게 단순히 속으로 "그만!"이라고 외치라는 조언은 파란색 모자를 쓴 분홍색 코끼리를 절대 상상하지 말라고 지시하는 것만큼이나 도움이 안 된다. 원하든 원치 않든 '절대'라는 말을 듣는 순간, 머릿속에서는 막이 오르고 파란색 모자를 쓴 분홍색 코끼리가 상상 속 서커스 무대로 걸어 나온다.

유행어가 된
'생각 중독'

서커스 이야기가 나와서 말인데, 서커스 같은 야단법석은 이미 오래전부터 동네 시장 바닥보다 온라인에서 더 자주 벌어지고 있다. 특히 소셜 미디어는 야단법석 그 자체다. 일단 알고리즘이 주제를 선택하면 피드에는 관련된 콘텐츠가 넘쳐 난다. 대부분 복에 겨운 헛소리로 들리고, 심지어 상당수가 실제로 헛소리다. 안개가 자욱한 풍경, 또르르 흘러내리는 눈물, 회색 바탕에 적힌 "나는 생각이 너무 많아……"라는 문구, 슬픈 배경음악까지 한 세트다. 이런 게시물은 때때로 너무 감상적이라 어쩔 수 없이 살짝 우습게 느껴지기도 한다.

감성이 메마른 말로 들릴지도 모른다. 하지만 사춘기 시절

일기를 들춰 본 사람이라면 내가 말하는 감정이 무엇인지 잘 알 것이다. 그 시절 단짝 친구가 했던 말, 짝사랑으로 인한 가슴앓이, 이해할 수 없는 부모님의 행동 등이 사춘기의 감정을 얼마나 거세게 자극했는지 지금도 생생하게 떠오른다. 그렇지만 일기장에 적힌 그때의 사건이 지금은 그렇게 심각하게 느껴지지 않는다. 오히려 민망함이 더 크다. '생각 과잉'이라는 키워드를 달고 인터넷에 떠도는 게시물에서도 이와 비슷하게 얼굴이 살짝 화끈거리는 느낌을 받곤 한다.

물론 모든 게시물이 다 그런 것은 아니다. 생각 과잉은 정말로 괴로운 일이다. 그 양상 또한 일상적으로 개개인에게 벌어지는 상황과 삶의 모습만큼이나 매우 다양하다. 나중에 돌이켜 보면 웃고 넘어갈 일도 발생한 그 순간에는 아주 괴롭다. 특히 어떤 형태로든 거부당하는 일은 마음 아프다. 이럴 때는 타인의 평가가 곧 생각 과잉이라는 악순환의 핵심이다. "내가 실수했나? 방금 어떤 투로 말했지? 상대는 어떻게 받아들였을까?" 처럼 끝없이 생각하고 걱정한다.

예를 들어 구직과 이직만큼 남에게 비치는 모습이 중요한 상황도 얼마 없다. 그래서 독일의 구인 구직 사이트 '스텝스톤 Stepstone'에는 「생각 과잉 멈추기: 생각이 너무 많을 때 당신이 할 수 있는 일」 같은 제목과 함께 선의의 조언들이 소개된 칼럼이 올라온다. 이 플랫폼은 구직자들에게 "생각이 너무 많으면 기분이 나빠지고, 건강에 해로우며, 업무 능률이 떨어질 수 있습니다"라고 경고한다. 에너지와 집중력 저하, 기회 상실 등 생각이 많을 때 생길 수 있는 문제들은 하나같이 위협적이다.

초원에서 되새김질하는 소를 다시 떠올려 보자. 에너지와 집중력이 떨어져 비실거렸다가는 소의 삶에서조차 이렇다 할 발전을 이루지 못할 것이다. 발전은 고사하고 남보다 뒤처지는 삶을 살고 싶은 사람은 없다. 그래서 우리는 필사적으로 넘치는 생각을 멈추려고 한다.

생각 과잉은 오늘날 성과 중심 사회와 맞지 않다. 생각 과잉에 갇혀 있다 보면 눈 깜짝할 새 뒤처지기 마련이다. 하지만 오히려 이 사회가 높은 성과를 요구하기 때문에 많은 사람이 생각의 쳇바퀴에 갇히기도 한다. 아이러니하다. 생각 과잉은 흔히 자기 능력과 성취를 의심하는 '가면 증후군(Imposter Syndrome)'[5] 형태로 나타나기도 한다. 다음과 같은 식이다.

내가 이 직책에 적합한 능력을 갖췄다는 건 알아. 하지만 확신할 수 없어. 사실 모두를 속이고 있는 거면 어쩌지? 아니, 정말 능력이 있긴 한 걸까? 경영진이나 우리 팀, 심지어 온 세상이 내가 사기꾼이라는 걸 알게 될 거야. 틀림없어······.

이런 생각을 하는 사람들은 보통 이미 충분한 능력을 갖추고 있다. 하지만 누구나 예상할 수 있듯이 이런 의심은 오랜 시간이 흘러 '정말 그렇게 될지도' 모르기 때문에 위험하다. 이런 유의 쳇바퀴에 갇히기란 매우 쉬운 일이다. 고도로 구조화된 이 사회에는 덫이 너무나 많다.

하지만 생각 과잉이라고 해서 모두 같은 생각 과잉은 아니다. 개중에는 정말 병적인 생각 과잉이 있다. 이 경우 통제나 회피, 안전 제일주의 같은 강박장애와 결합하기도 한다. 반복되는 생각 과잉은 일종의 자기 확신 메커니즘으로 작용하여 불안과 두려움을 더욱 강하게 만든다. 그래서 생각을 멈추려는 모든 시도는 결국 실패로 끝난다.[6] 제자리를 맴도는 생각이 정신적, 신체적 건강에 막대한 영향을 끼치고 있다면 당장 치료받아야 한다.[7]

병적인 생각 과잉인지 아닌지의 경계는 유동적이다. SNS는 자가 진단을 부추기므로 의심스러울 때는 인터넷을 끄고, 진짜 전문가의 의견을 듣는 것이 좋다. 수년에 걸쳐 생각 과잉을 연구한 그들은 이 문제에 관해서는 누구보다 해박하다. 또한, 상황을 전문적으로 평가할 수 있는 광범위한 기준 목록도 가지고 있다. 이 기준은 반복되는 생각에 계속해서 시달린다는 사실 외에도 생각 과잉으로 인해 개인이 느끼는 고통이 정상적인 생활에 지장을 주는지, 준다면 어느 정도인지 등을 판단하는 중요한 기준이다.

"스스로 생각의 쳇바퀴에서 벗어날 수 있는가? 일상적인 직장 생활과 사회생활을 계속할 수 있는가?"와 같은 질문에 2주 넘도록 "아니요"라고 답한다면 강박장애의 징후로 보기도 한다. 만약 2주 넘게 생각 과잉과 우울감, 무기력, 의욕 상실 등이 동반됐다면 그 다음에는 우울증 영역으로 넘어간다. 우울증과 강박장애는 밀접하게 연관되어 있다. 강박적 생각과 우울증 증상은 흔히 함께 나타난다.[8]

다행히 요새는 이런 정신 질환의 공개적 논의가 금기시되지 않는다. 점점 더 많은 유명인이 자신의 정신 건강 문제를 밝히고, 치료가 얼마나 큰 도움이 되었는지도 이야기한다. 그러나 다른 한편으로는 '과장된 질병'이 하루가 멀다고 SNS상에서 요란한 파티를 연다. 특히 그 앞에 해시태그가 붙으면 아주 사소한 고민조차 금세 병적인 생각 과잉의 사례로 둔갑하기 일쑤다. 해시태그를 붙이는 순간 우리의 내면은 어떤 판단을 내릴까? 대략 다음과 같다.

실은 동료의 생일 파티에 가고 싶지 않아. 그냥 소파에 누워서 쉬고 싶어. 하지만 그 파티에서 우연히 운명의 사랑을 만날 수도 있잖아. 와! 이거 완전 'FOMO(Fear of Missing Out, 놓치는 것에 대한 두려움)' 아냐? 진짜 위험하다!

오늘 헬스장에 갈까? 아니면 내일 갈까? 아, 고민되네. 뭐, 내일이 아니라 모레로 미룰 수도 있고, 어쩌면 아예 안 갈 수도……. 아니, 나는 사람한테 꼭 필요한 자기 통제력이 부족한 게 확실해. 이런 식이면 건강한 몸을 갖기 어렵다고. 건강한 몸 없이는 건강한 정신도 없고! 인간은 로마 시대부터 몸이 건강해야 정신도 건강하다는 걸 알고 있었는데 말이야. 그후 2000년이나 지났는데 여전히 이 지혜를 제대로 실천하지 못하고 있다니. 이건 완전히 문제지.

요새 진짜 공부 능률이 안 오르네. 안 되겠다. 인스타그램에 #생각과잉이 태그된 게시물을 올려야겠어. 그러면 내가 공부에 집중하지 못하는 이유가 설명되고, 상담 치료를 받을 이유도 충분해지는 거야.

이렇게 일상의 모든 사소한 고민들이 SNS에서는 어김없이 생각 과잉으로 '진단'된다. 놀라울 따름이다. 물론 정상적인 행동이 금세 심각한 문제 행동으로 과장되는 현상만 나타나지 않는다. 반대의 경우도 있다. 심각한 문제 행동이 단순한 생각 과잉으로 축소되기도 한다. 2013년 세상을 떠날 때까지 아이비리그 대학에서 생각 과잉에 대해 연구하고 수없이 많은 강의를 했던 미국의 심리학자 수잔 놀렌혹스마[Susan Nolen-Hoeksema]는

2003년 출간된 저서 『생각이 너무 많은 여자』에서 다음과 같은 사례를 설명한다. 이 책의 제목에 전혀 문제가 없는 것은 아니지만 일단 차치하고, 일부 내용을 살펴보자.

30대 초반인 '제니'는 성공한 증권 중개인이다. 그녀는 동거남 '피터'에게 조촐한 홈파티 준비를 도와주기로 약속했다. 그러나 파티 당일, 일에 너무 몰두한 나머지 시간 가는 줄도 모르다가 결국 준비를 도와주지 못했다. 결코 배려심 있는 행동이 아니었다. 피터는 당연히 화가 났다.

저녁 식사가 끝날 무렵, 두 사람은 말다툼을 했다. 피터는 30분 동안 제니에게 소리를 지르고 온갖 상처가 되는 말을 퍼부었다. 그날 밤, 제니는 피터의 근거 없는 비난에 무슨 말로 반박했어야 하는지, 왜 그렇게 반박하지 못했는지, 그리고 피터가 얼마나 자주 자신을 함부로 대했는지 생각하느라 잠을 이루지 못했다. 이런 생각들은 다음 날 아침에도 사라지지 않았다. 심지어 피터가 이런 식으로 과하게 반응하는 것은 이번이 처음도 아니었다.

우리 중 누군가는 이제 제니가 동거남의 이 지나친 과민 반응을 건강하지 못한 관계의 증거로 이해하고, 둘 사이를 진지하게 재고할 것이라고 추측했을지도 모른다. 하지만 큰 오산이다. 놀렌혹스마의 서술에 따르면 제니의 생각은 전혀 다른 방향으로 흐른다. 제니는 피터가 왜 그렇게 반응했는지, 즉 행동의 정당성을 찾는다. 그런 다음 조깅을 하고, 금세 정신이 맑아져 피터와 화해한다.

> 제니는 갈등을 극복했다. 몇 가지 전략을 이용해 부정적인 생각의 쳇바퀴에서 내려올 수 있었기 때문이다. 제니는 부정적인 생각을 멈출 수 있었다. (중략) 그런 다음 피터의 말이 아니라 자신에게 중요한 목표, 즉 피터와 좋은 관계를 유지하는 데 집중했다.[9]

뭐, 일단은 축하할 일이다. 생각을 멈춘 덕분에 제니는 피터의 행동이 문제가 아니라 지나치게 부정적인 자기 생각이 문제였다는 것을 깨달았다. 제니의 묘사대로라면 피터의 행동은 충분히 학대였음에도 불구하고 말이다. 놀렌혹스마 역시 이런 깨달음을 '생각 멈추기'의 긍정적 결과로 해석한다.

말도 안 되지만 2000년대는 그랬었다. 제니가 자기 생각을 조깅으로 날려 버리지 말고, 조금만 더 심사숙고했더라면 얼마나 좋았을까! 그랬다면 피터가 자신을 "이기적인 커리어우먼!"이라고 비난하는 것이 심리 조작 중 하나인 '가스라이팅(Gaslighting)'인지 아닌지 충분히 의심할 수 있었을 것이다. 하지만 제니는 생각을 멈춘 덕분에 '오래오래 행복하게' 그리고 '오래오래 불행하게' 사는 결말에 도달했다.

이처럼 생각 과잉이라는 프레임은 양방향으로 사용될 수 있다. 한편으로는 심각한 질병을 별일 아닌 것으로 만들 수 있고, 다른 한편으로는 조금만 시간을 들여 생각하면 충분히 해결할 수 있는 모든 일을 최악의 질병으로 낙인찍을 수도 있다. 이 양면성이 생각의 특징이다. 그래서 우리가 하는 대부분의 고민 자체가 이 두 극단 사이를 오간다.

괜한 걱정 같아서 고민을 끝내려다가도, 정말 심각한 문제를 간과하게 될까 봐 선뜻 끝내지 못한다. 이런 식으로 생각의 회전목마가 계속 돌기 때문에 아무것도 할 수가 없다. 마치 생각의 회전목마를 타기 위해 정기권을 끊은 사람 같다. 이미 수백 번 넘게 고민한 질문과 점점 커지는 걱정이 놀이공원 스피커에서 요란하게 들려오는 음악처럼 끊임없이 뇌를 파고든다. 특히 밤이 되면 더욱 그렇다. 바깥세상보다 내 마음이 훨씬 시끄럽기 때문이다.

생각 과잉은 마음을 불편하게 만드는 것에서 그치지 않는다. 아예 어떤 행동도 하지 못하게 막아 버린다. 그렇게 머릿속 생각에 갇혀 꼼짝할 수가 없다. 이런 상태를 표현하는 단어가 있는데, 바로 '분석 마비(analysis paralysis)'다. 지나친 분석과 생각 때문에 결정을 내리지 못하는 상태로, 흔히 '결정 마비'라고도 한다.

나는 일곱 살쯤에 처음 이런 상태를 경험했다. 아버지한테 체스를 배울 때였다. 각각의 말들이 어떻게 움직이는지는 비교적 빨리 이해했지만, 막상 경기가 시작되자 선뜻 말을 움직일 수가 없었다. 상대의 다음 수를 알 수 없으니 말을 어디에 둬도 지고 말 것이라는 걱정이 나를 지배했다. 금방 끝나든 오래 버티든 결국 패배한다는 불안이 내 체스 경력을 조기에 단절시켰다. 30분 넘게 단 한 수도 두지 못한 채 체스판 앞에 앉아 있고 싶은 사람은 세상 어디에도 없다. 이 일은 나뿐만 아니라 나에게 체스를 가르쳐 준 아버지에게도 좌절감을 안겼다.

어떤 수가 호수好手인지 악수惡手인지는 경기가 끝난 후 복기의 과정을 거쳐야 판단할 수 있다. 하지만 당시에 나는 그것을 이해하지 못했고, 필사적으로 모든 경우의 수를 예측하려 헛되이 애를 썼다. 당연히 그것은 불가능했다.

나의 짧은 체스 모험은 그렇게 비극으로 막을 내렸지만, 가능한 모든 경우의 수를 머릿속으로 그려 보는 전략은 지금까지 일상생활에서 활용하고 있다. 이런 전략 자체가 그리 나쁘지 않다는 것을 앞으로 확인하게 될 테지만, 솔직히 말해서 꽤 힘들 때가 많았다.

이쯤에서 아직 언급한 적이 없는 사실 하나를 고백하겠다. 당연하게도 나 역시 생각이 너무 많은 여자다. 그렇지 않고서야 어떻게 이런 책을 쓸 생각을 했겠는가. 내가 프로 체스 기사가 되지 않았다고 해서 나의 세계가 더 빈약해진 것은 당연히 아니다. 하지만 단단한 생각의 쳇바퀴에 자주 갇히는 사람은 최소한의 유연성과 창의성을 잃다 못해 잠재된 인생의 몇 가지 행복마저 잃는다. 그 행복은 취미로 두는 체스일 수도 있다. 애석한 일이다.

주위를 둘러보면 현실 세계든 디지털 세계든 이런 문제를 겪고 있는 사람이 나뿐만은 아니다. 하지만 한 가지 좋은 소식이 있다. 생각 과잉에서 벗어나는 방법은 분명히 있다. 그리고 그 방법은 일단 무작정 생각을 그만두는 것이 아니다.

생각의 스위치는
누른다고 꺼지지 않는다

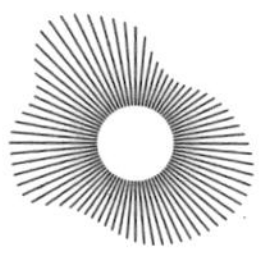

그렇게 심각할 필요 없어!

나처럼 생각이 너무 많은 사람이라면 자주 듣게 되는 말이다. 걱정을 덜어 주고 싶어서 그렇게 말하는 것이겠지만, 대체로 별 도움이 안 된다. 그리고 사실 너무 뻔하다. 정신 건강에 관련된 주제를 토론할 때마다 가족 모임이나 SNS에서는 잘난 척하기 좋아하는 사람이 나서서 심오한 통찰을 가진 것처럼 "옛날에는 그런 문제가 없었단 말이야!"라고 호통을 친다.

그러니 무작정 생각을 멈추라는 말은 옛날에는 모든 것이 더 좋았다고 믿는 사람들이 낡은 서랍에서 반복적으로 꺼내는 치명적 주장인 셈이다. 5분이 멀다 하고 이 말이 반복될 때마다 낡은 서랍을 열 때처럼 삐걱거리는 소리가 난다. 물론 수년 전 또는 수십 년 전만 해도 생각 과잉 같은 것은 토론 주제 축에도 못 들었다. 당장 불과 얼마 전까지만 해도 정신 건강을 토론하는 일이 거의 없었으니 놀랄 일도 아니다.

하지만 가까운 과거에도 치료할 수 있고, 치료해야만 하는 정신적 트라우마는 아주 많았다. 예를 들어 세계 대전을 겪은 세대들에게는 트라우마 치료가 꼭 필요했다. 이 사실은 의심의 여지가 없다. 언어학자 어맨다 몬텔^{Amanda Montell}은 여기서 매우 명확한 경계선을 포착했다.

모든 세대는 각자의 위기를 겪는다. 1960년대와 1970년대에는 신체적 폭압에서 벗어나는 해방, 즉 자유롭게 선택하고, 배우고, 일하고, 참여할 수 있는 동등한 권리와 기회를 향한 해방이 중요했다. 그것은 신체의 위기였다.[10]

몬텔에 따르면 6, 70년대 신체의 위기가 어쨌든 표면적으로는 해결된 것처럼 보이기 시작한 직후, 1980년대 초반부터는 정신 건강에 관한 변화가 일어났다. 신체의 위기에 머무르던 질문이 내면으로 옮겨 갔다. 하지만 신체의 위기에 잠시 밀렸을 뿐이지 내면의 위기는 항상 존재했다.

물론 이런 주장만으로는 똑똑한 삼촌이나 잘난 체하는 고모, 익명의 페이스북 논객을 설득할 수 없다. 아무리 엄격하게 입증된 사실이라도 그 존재 자체를 부정하여 '문제를 문제가 아닌 것'으로 만드는 사람들이 있다. 대표적인 예가 기후 변화 부정론자들이다. 그들은 해일이 밀려와 목까지 물이 차더라도 이것이 지극히 정상적인 기상 현상이라고 우길 것이다. 마치 자기가 눈을 감으면 아무도 자기를 볼 수 없다고 믿는 것 같다.

유치한 억지 같기도 하고 자칫 음모론으로 이어질 수도 있는 태도지만, 사실 이런 반응이 마냥 비정상적이기만 한 것은 아니다. 심리학자 이브 휘트모어Eve Whitmore와 마크 휘트모어Mark Whitmore는 이런 부정이 두려운 상황에 맞서 자신을 방어하기 위한 자연스러운 심리적 방어 기제일 수 있다고 주장한다.[11] 아주 단기적으로는 이런 전략이 유용할 수도 있다. 맑은 정신을 유지하려면 우선은 생각과 걱정을 멈추고 공황 상태에서 벗어나야 한다는 조언도 실제로 그리 터무니없는 것은 아니다.

하지만 맑은 정신을 유지하려고 해도 역시 무언가를 해야만 한다. 고집스럽게 내 정신은 지금도 맑다고 부정만 한다고 되는 일이 아니다. 그렇다고 현실이 바뀌지는 않기 때문이다. 예를 들어 실제로 존재하는 위협을 부정하며 아무런 조치도 취하지 않으면 머지않아 심각한 결과가 초래될 것이다. 개인의 일이든 기후 변화와 같은 인류 전체의 일이든 마찬가지다. 때때로 이 사실을 잊는 우리는 '검치호랑이 주의!'와 같은 슬로건을 잊지 않았던 조상들보다 뒤처지기 마련이다.

정신 건강과 이를 둘러싼 일종의 소란을 순전히 일시적인 현상으로 치부하는 것은 단지 그렇게 믿고 싶은 사람들을 안심시키는 심리적 안정제에 불과할 뿐 현실적이고 성숙한 대처 방법이 아니다. 자신의 심리 상태를 마주하기가 두려워 외면하는 것일 뿐이다.

이와 관련된 연구와 설문 조사가 보고하는 수치야말로 눈을 감아 버리고 싶을 만큼 매우 우려스럽다. 예를 들어 AXA손해보험에서 2021년부터 매년 발행하는 「2023 AXA 정신건강보고서」에 따르면, 설문에 참여한 독일인의 67퍼센트가 우울감을 느낀다고 증언했다. 58퍼센트는 뭘 해도 더는 기쁘지 않으며, 49퍼센트는 긍정적 감정을 더는 느끼지 못한다고 답했다. 모든 문제가 전년도 설문 조사와 비교해 증가했고, 일부 문제는 눈에 띄게 심각해졌다.

특히 젊은 여성의 정신 건강 문제가 심했다. 35세 미만 여성 응답자의 41퍼센트가 현재 정신 질환을 앓고 있다고 답했다. 그 밖에도 모든 성별과 18세 이상 모든 연령대의 3분의 1이 정신 질환을 앓고 있다고 답했다. 정신 질환으로 인한 결근 일수 역시 수년간 꾸준히 증가해 왔다.[12]

이런 데이터를 고려할 때, 아무리 눈을 꼭 감더라도 정신 건강이 사회 전체의 문제라는 것은 부정할 수 없다. 그렇다면 우리는 이 문제를 어떻게 다뤄야 할까? AXA 연구에서는 응답자의 69퍼센트가 정신의 스위치를 더는 끌 수가 없다고 답했다. 가장 문제가 되는 감정은 79퍼센트를 차지한 '불안과 초조'였다.[13] 불안하고 초조할수록 정신은 더욱 분주해진다. 생각의 쳇바퀴가 점점 더 빨리 돌아간다. 생각 과잉이 시작된다. 더 불안하고 초조해진다. 악순환이다.

그러다 보니 자꾸만 라이프 스타일 코치와 자기 계발 전문가들이 '되새김 중단'을 생각 과잉의 만병통치약으로 내세우는 것이다. 부정적인 생각을 버리고 되새김을 멈추는 것만이 궁극적인 해결책인 것처럼 말이다. 이들은 "정신의 스위치를 그냥 끄세요! 생각을 적게 해야 합니다!"라고 끝없이 조언한다. 심지어 마케팅 전문가들은 이런 익숙한 조언을 더욱 설득력 있게, 더욱 상세하게 만들어 유료 결제 뒤에 숨겨 둔다. 코칭은 수익성이 좋은 사업이다. 특히 간단한 메시지를 만병통치약으로 팔 때 더욱 그렇다.

물론 이들의 모든 코칭이 가짜 요술은 아니다. 산책을 통해 잠시 정신의 스위치를 끄는 것은 누구에게도 해를 끼치지 않으며, 오히려 긴장을 풀고 상황을 더 가볍게 받아들이는 데 도움이 될 수도 있다. 하지만 이 방법은 우리도 이미 알고 있다. 고작 이것을 깨닫는 데 멘토나 전문가가 필요한 것은 아니다.

게다가 괴로운 생각의 쳇바퀴에서 벗어나고 싶어 하는 사람에게 이런 정신적 휴식은 장기적으로 봤을 때 오히려 역효과를 가져올 수도 있다. 산책으로 주의를 돌리면 잠시나마 생각의 쳇바퀴에서 빠져나올 수 있겠지만 그마저도 잠깐이다. 산책을 마치고 집으로 돌아오는 즉시 다시 고민에 빠질 것이다. 설상가상으로 산책길의 정적이 고민을 더욱 부추길 수도 있다. 보통 생각 과잉은 탁 트인 장소를 좋아하기 때문에 더욱 그렇다. 넓은 야외에서는 평소보다 고민이 더 크게 메아리치고, 확성기를 가져다 댄 것처럼 머릿속이 쿵쿵 울릴 것이다.

그럼에도 많은 코치들이 '정신의 스위치 *끄기*'와 '산책으로 주의 전환하기', 이 두 가지 전략을 흔히 사용하는 데는 나름 심리학적인 이유도 있다. 예를 들어 행동 치료에서는 불안과 안심이 교대로 반복되면서 고민이 점점 더 강화된다고 가정한다. 우리는 종종 걱정스럽고 두려운 생각을 끊어내기 위해 안심되는 생각을 떠올린다. 감정을 달래 줄 안도감을 혼자 칵테일을 마시며 얻거나 다른 사람에게 의지하며 얻고자 한다. 그러나 이런 식으로 두려움을 억제하려 할수록 오히려 두려움은 더욱 커진다.

왜 그럴까? 한 이론에 따르면, 고민하는 자아는 어떤 식으로 위안을 얻든 그것만으로는 충분하지 않다. 어떻게 해서든 그 위안이 기만적이라고 느껴지는 이유를 즉시 찾아낸다. 애써

찾은 위안은 잊혀지고 다시 불안이 커진다. 이런 핑퐁 게임을 한동안 하다 보면, 불안한 상황과 잠재된 재앙은 점점 더 극적으로 치닫는다.[14]

그래서 어떤 사람은 재빨리 더 강력한 무기인 '정지 명령'을 집어 든다. 하지만 이 무기는 현재 상당히 녹이 슨 상태다. 이 아이디어는 1950년대에 인지 행동 치료의 구성 요소로 개발되었다. 대중문화에서는 사라지지도 않고 종종 되살아나는 치료법이지만, 학계에서는 이제 완전히 시대에 뒤떨어진 것이다.[15] 정지 명령 치료법은 우선 그 효과를 명백히 입증하지 못했고, 실용성 또한 부족했다.

최초 버전에서는 치료사들이 환자의 되새김을 멈추기 위해 큰 소리로 "정지!"라고 외쳤다. 이런 방식의 개입은 파블로프의 개처럼 "정지!"라는 단어의 조건화를 유도하기 위한 것이다. 그러면 환자는 나중에 혼자서도 자기 자신에게 이 단어를 외침으로써 불안을 막을 수 있게 된다.

하지만 이런 조건화는 오늘날 개 훈련에서조차 더는 최신 방법으로 여겨지지 않는다. 당장 사무실에서 평소처럼 회의하던 중 갑작스럽게 혼잣말로 "정지!"라고 외쳤을 때 동료들이 어떻게 쳐다볼지 예상해 보라. 상상만으로도 끔찍하다.[16] 최악의 경우에는 이런 정지 명령이 엄청난 역효과를 초래할 수도 있다. 이를테면 생각을 멈추는 과정이 조건 반사처럼 자리 잡는

것이다. 그렇게 되면 생각의 되새김이 오히려 강화되고, 강박적인 사고와 행동이 증가할 수도 있다.[17]

순전히 기능적인 관점에서 볼 때도 생각을 멈춘다고 해서 그 생각이 사라지는 것은 아니다. 실제 존재하는 생각이 억눌릴 뿐이다. 억눌린 생각들은 부메랑처럼 돌아와 더 세게 머릿속을 점령한다.[18]

일상적인 걱정뿐 아니라 병적인 생각 과잉에도 마찬가지다. 강제로 생각을 멈추는 것은 의과학적 관점에서도 문제다. 이 발언에 일부 명상 팬이나 마음 챙김 애호가들은 기분이 나쁠 수도 있다. 과학적이든 아니든 시중에는 정신을 맑게 하는 다양한 호흡법과 이완법이 많이 있다. 그 모든 것이 엉터리일 수는 없을 테고, 실제로도 그렇다.

누구나 한 번쯤은 짜증스러운 화상 회의에 붙잡혀 있느니 승려가 되어 평화롭게 사는 것이 더 낫겠다고 생각해 본 적 있을 것이다. 하지만 수행과 일상생활을 병행하기는 어렵다. 그렇다고 이 환상을 실현하기 위해 다니던 회사에서 탈출해 유튜버가 되어 미니 캠핑카를 타고 티베트로 떠날 수도 없는 노릇이다. 설령 떠난다 해도 과연 그곳에서 평화를 찾을 수 있을지는 미지수다. 물론 요즘 세상에는 이렇게까지 원대한 계획도 필요하지 않다. 조금 작은 계획만으로도 충분하다. 우리는 몇 번의 터치로 스마트폰에 명상 앱을 설치할 수 있다. 몇몇 국가에서 이런 앱 중 일부는 의학적으로 인증되어 처방을 받았다면 건강보험도 적용받을 수 있다.

나 역시 그런 앱들을 이용해 명상을 해 보았다. 나의 경험으로 볼 때, 그런 앱들은 내 삶과 잘 맞지 않았고 생각 과잉을 개선하는 데에도 전혀 도움이 되지 않았다. 물론 지극히 개인적인 평가일 뿐이므로 가볍게 참고만 해 주길 바란다. 하지만 이 경험은 나의 생각 과잉을 다른 방법, 그러니까 이전보다 지속적으로 다룰 수 있는 방법을 찾는 데에 좋은 계기가 되긴 했다.

뇌 연구자 질 볼트 테일러^{Jill Bolte Taylor}를 알게 되면서 생각 과잉을 멈출 수 있다는 희망에 부풀었던 적도 있다. 테일러는 자신의 연구를 바탕으로 '90초 규칙'을 개발했다. 이 규칙에 따르면, 주변의 자극에 반응하는 사람은 모두 90초짜리 생화학 과정을 거친다. 이 과정이 끝나면 사실상 감정 반응도 끝난다. 감정 반응은 90초 이상 지속될 수도 있지만 그것은 생화학적 이유 때문이 아니라 스스로 그렇게 하기로 선택한 것이다. 이런 선택을 자유롭게 할 수 있다는 것을 알든 모르든 상관없다. 테일러가 진행한 연구의 핵심은 우리가 90초 동안 감정을 견뎌 내면 그 후에는 다시 감정을 놓아 줄 수 있다는 것이다. 적어도 물리적으로 그 일을 방해하는 것은 없다.[19]

희망이 보인다. 90초면 1분 30초다. 충분히 할 수 있다. 90초 정도는 상대방의 얼굴에 주먹을 날리지 않고 분노를 참을 수 있다. 테일러가 말하는 것이 바로 이런 충동 조절, 즉 특정 자극에 대한 첫 반응이다.

이는 일상 언어에서도 흔히 볼 수 있다. 우리는 종종 "화가 식었다"거나 "분노가 눈 녹듯이 사라졌다"고 말한다. 이런 표현을 통해 어린아이는 감정을 이해하고 조절하는 법을 배운다. 그리고 자라면서 영원히 지속되거나 세상을 완전히 바꿔 버리는 감정은 없다는 사실을 깨닫는다. 감정과 생각, 의견은 언제든 변할 수 있고, 부정적인 순간도 다 지나가기 마련이다. 그러니 더는 좌절이 닥쳤다고 해서 어린애처럼 바닥에 드러누워 소리칠 필요가 없다. 물론 어른이 되어서도 가끔은 그렇게 하고 싶을 때가 있지만…….

그렇다면 드디어 생각 과잉에서 벗어났을까? 안타깝게도 90초 규칙은 생각 과잉 해결에 별 도움이 되지 않았다. 생각 과잉은 주로 그렇게 긴박한 순간에 일어나지 않는다. 생각의 쳇바퀴에 '언제' 갇히는지 같은 문제가 아니라는 뜻이다.

끊임없는 생각의 무한 루프, 점점 깊이 빠져드는 생각의 늪, 재고의 재고의 재고를 거듭하는 고민과 그로 인해 발생하는 결정 마비가 진짜 문제다. 중요한 것은 분노와 화 같은 구체적인 충동이 사라진 후다. 화를 내고 한참 뒤에 어떤 행동을 하는지, 화가 났던 그 순간의 기억을 어떻게 사용하는지가 중요하다.

단순히 충동적 감정을 참는 방식으로는 생각 과잉을 멈출 즉각적인 해결책을 찾을 수 없다. 역시 우리는 평생 머리가 터지기 직전까지 생각 과잉에 갇혀 살아야 할까? 잠깐, 절망하기에는 아직 이르다. 이것은 오히려 생각 과잉의 정체를 깊이 파고들기 좋은 기회다.

위험한 철학자들과 함께하는
안전한 생각 여행

생각은 끊임없이 제자리를 맴돌며 종종 갑자기 현기증을 일으킨다. 이때 생각을 멈추기 위해 급하게 브레이크를 밟으면 분명 그대로 고꾸라지고 말 것이다. 그러니 관점을 바꿔 보자. 원을 그리며 맴도는 움직임 속에는 현기증뿐만 아니라 원심력에 의한 추진력도 숨어 있다. 바로 그 힘을 활용해 보는 것이다. 어지러워서 정신이 혼미해질 때까지 돌지 말고, 갑자기 회전을 멈추지 말고, 오히려 추진력을 얻을 수 있는 순간을 포착하는 것이다. 그러면 생각은 맴돌기를 멈추고 마침내 다시 똑바로 달려 나갈 수 있다.

그러므로 우리가 품어야 하는 신조는 "생각 과잉을 멈추자"

가 아닌 "생각 과잉에 휘둘리는 빈도를 줄이자"다. 그러려면 '잘' 생각하는 법을 배워야 한다. 그래야 빙글빙글 돌아가는 생각의 쳇바퀴에서 내려와 또 다른 생각 여행을 시작할 수 있다.

모든 좋은 모험이 그렇듯이 이 여행도 험난한 길을 통과해야 한다. 그러니 현명한 여행 안내자와의 동행도 나쁘지 않을 것이다. 이 안내자는 인기 많은 카페를 추천해 주지는 못한다. 대신 마음 한구석에 감춰진 멋진 경치로 향하는 가장 빠른 지름길을 안내해 준다. 일종의 정신적 여행 가이드인 셈이다.

그래서 나도 나만의 생각 여행에 딱 맞는 여행 동반자들을 찾아 나섰다. 생각이 어떻게 작동하는지 잘 알고, 사물의 본질을 파고들며, 기본적으로 모든 것에 의문을 제기하는 사람들, 바로 철학자들이다. 이들은 생각을 직업으로 삼아 경력을 쌓아 온 사람들이다. 물론 돈벌이가 특별히 좋은 직업은 아니다. 심지어 시대에 따라서는 목숨이 위태롭기도 했다. 어디까지 생각이고 어디부터 생각 과잉인지는 언제나 해석의 문제였기 때문이다. 생각 과잉이라는 용어가 아직 없던 시대에도 그랬다.

예를 들어 그리스 철학자 소크라테스Socrates는 젊은이들을 타락시킨다는 비난을 받았다. 그는 조각가였던 아버지의 뒤를 이어 고대 아테네에 머물면서 이따금씩 '폴리스Polis'라는 공동체의 민주적 투표에 참여하는 것만으로 만족하는 삶을 거부했다. 그는 더 많은 권리를 원했고 더 많이 생각했다. 국가, 세계, 지식의 가능성, 심지어 올림포스의 신들에게도 의문을 품었다.

오늘날 우리는 소크라테스를 서양 최초의 위대한 철학자로 칭송한다. 하지만 당시에는 모두가 그를 존경하는 것은 아니었다. 오히려 그의 끊임없는 생각과 탐구심을 매우 불편해하는 사람이 많았다. 결국 체제에 순응하지 않는 그의 철학적 사유는 독배를 피하지 않고, 스스로 목숨을 끊음으로써 끝이 났다.

16세기 후반에 활동한 철학자 조르다노 브루노^{Giordano Bruno}의 처지도 크게 다르지 않았다. 그는 가톨릭교회의 신이 부여한 세계관을 흔들어 놓았다. 코페르니쿠스의 우주 관측을 바탕으로 우주의 유한성을 의심했고, 지구와 유사한 다른 행성이 존재하고 거기에도 생명이 있다고 생각했다. 오늘날 우리가 당연하다고 여기는 사실들이 당시에는 물의를 일으키는 소문이었다. 결국 그는 수년간 도피 생활 끝에 화형대에 올랐다.

그로부터 400년이 지나서야 교황 요한 바오로 2세^{Saint John Paul II}가 브루노의 처형이 부당했다고 선언했다. 이제 브루노는 자신이 처형된 로마의 캄포 데 피오리 광장에서 금속 조각상으로 남아 기려진다. 그는 실물보다 더 큰 모습으로 시장 가판대 위에 우뚝 솟아 있다. 수많은 관광객이 감탄하고, 티베르 강변의 도시 비둘기들이 그의 위에서 쉬곤 한다.

방금 '뭐지? 이게 바람직한 사례가 맞아?'라고 생각했을지 모른다. 그 마음도 충분히 이해한다. 하지만 걱정 마시라. 우리의 생각 여행은 소크라테스나 브루노의 사례처럼 가혹하지 않을 것이다. 일단 살해나 처형으로부터 안전하다. 오늘날 누군가 생각 과잉으로 비난받는다 해도 기껏해야 대인관계에 긴장이 초래되는 정도일 것이다. 게다가 그 비난은 어차피 남의 말이기 때문에 타당하든 타당하지 않든 상관없다.

남의 비난보다 더 위험한 것은 내면의 목소리다. 내면의 목소리는 생각이 너무 많은 사람들에게 특히 크게 들리고 때로는 매우 잔인하며 심지어 자기 파괴적일 수도 있다. 우리는 철학과 함께하는 이 생각 여행에서 끊임없이 갈림길에 서게 될 것이다. 어떤 생각이 더 깊이 파고들어야 할 생각이고, 어떤 생각이 우리를 잘못된 길로 인도하는 생각인지 끝없이 스스로 질문해야 한다. 항상 명확한 답을 내릴 수는 없겠지만, 그래도 우리에게는 생각의 길을 알려 줄 지도가 있다. 철학이 쌓아 온 역사 덕분에 우리는 이 탐험에서 새로운 바퀴를 만들지 않아도 된다. 철학자들이 이미 노력을 기울여 많은 바퀴를 만들어 두었다.

우리의 여행에서 철학적 가이드는 정확히 무슨 역할을 할까? 우산에 '형이상학'이라고 적힌 깃발을 꽂은 채 이리저리 흔들며 우리를 인솔할까? 아니면 위기에 휩싸인 혼잡한 거리, 고민으로 가득 찬 미로와 번잡한 생각의 관광지를 헤집고 다니며 여기에서 잠시 사진을 찍자고 자유 시간을 줄까? 이 생각 여행이 생각 '패키지' 여행이었다니, 상상만으로도 끔찍하다!

하지만 다행히 우리의 여행은 그렇지 않다. 함께 하는 우리의 가이드는 간단한 길을 알려 주지 않는다. "여기서 좌회전하세요!" 같은 말은 절대 하지 않는다. 철학이라는 친구의 도움으로 더 잘 생각하는 법을 배우고 생각 과잉을 통제하고 싶다면 무엇보다도 삶을 다른 시각으로 볼 줄 알아야 한다.

철학은 항상 그렇게 한다. 세상을 다양한 렌즈로 바라본다. 때로는 렌즈 없이 과장되거나 미화되지 않은 있는 그대로의 모습을 보기도 한다. 그러면서 앞에 놓인 길을 어떻게 봐야 하는지 알려 준다. 철학은 자신만의 고유한 결론, 때로는 완전히 새로운 결론에 다다를 수 있도록 우리를 이끈다.

이번 여행에서는 아마 아름다운 해변도 보지 못할 것이다. 대신 풍부한 정신적 경험을 체험할 것이다. 더 깊이, 더 잘 생각하는 것은 정말 신나는 일이다. 철학을 통해 관점을 바꾸고 삶의 지도를 새롭게 읽는 법을 배우면 얼마든지 더 나은 길을 찾을 수 있다. 우리를 심연으로 끌어들이려는 생각의 소용돌이도 더 능숙하게 헤쳐 나갈 수 있다. 안전바 뒤에서 철학이라는 구명조끼를 입고 생각과의 안전거리를 유지하기만 하면 된다. 그러면 소용돌이에 휩쓸리지 않으면서도 흥미롭고도 경이로운 생각들을 감상할 수 있다.

길 잃은 생각을
위한 안내서

도보로 여행을 떠나기 전에는 먼저 무엇을 챙겨 갈지 찬찬히 잘 생각해야 한다. 나는 라인강을 따라 긴 산책을 나갈 때면 강아지 간식 몇 개는 꼭 챙긴다. 안 그러면 나의 닥스훈트가 너무 빨리 지쳐 버릴 것이다. 그러므로 우리의 생각 여행 역시 준비를 철저히 하는 것이 좋다. 출발 지점의 지형이 어떤지 찬찬히 잘 살피고, 숙고하는 시간이 필요하다. 그래야 적절한 신발을 신을 수 있고, 새로운 시작의 환희에 사로잡힌 나머지 곧장 잘못된 방향으로 달려가지 않을 수 있다.

그렇다면 도대체 생각이란 무엇인가? 마르틴 하이데거^{Martin Heidegger}의 강연 제목이기도 한 이 질문은 오늘날까지도 철학 입문 강의의 핵심 주제로 큰 인기를 누린다. 생각의 '정체'에 관한 하이데거의 강연에서 중요한 통찰 중 한 가지는 이것이다.

생각은 길이다!

생각은 과정의 특성이 있다. 하지만 누군가는 지금 "다 좋은데, 옛날 책을 굳이 다 읽을 필요가 있을까? 신경 과학의 최신 연구들만 살펴봐도 생각이 세포 차원에서 실제로 어떻게 작동하는지 배울 수 있는데?"라고 반박하고 싶을 것이다.

실제로 신경 과학의 연구들은 매우 흥미로운 결과를 보여준다. 예를 들어 '자유 의지(Free will)'는 한때 철학적 논쟁의 주요 주제였고 지금도 그렇다. 자유 의지란 인간이 자신의 행동과 결정을 외부의 강제 없이 스스로 통제할 수 있음을 뜻한다. 하지만 뇌 연구 결과로 볼 때, 의식은 질문이 들어오기 훨씬 전에 이미 결정을 내린다. 그래서 많은 사람이 자유 의지의 타당성에 의문을 제기하는 것이다.[20]

또, 의학과 사회 과학 연구를 결합하여 생각이 어떻게 발생하고, 생각을 방해하는 것의 정체가 무엇인지 밝혀내는 기발한 책들도 많이 있다. 이런 책들에는 배울 점이 많고, 나는 이 책을 쓰기 위해 자료를 수집할 때 이 주제 역시 탐구했었다. 그렇다면 이런 책들에서 나의 생각 과잉에 필요한 조언들을 많이 얻을 수 있었을까? 사실 그렇지는 않았다. 아마도 하이데거가 말한 생각의 다음과 같은 특징 때문일 것이다.

스스로 생각할 때, 생각이란 무엇인지 알 수 있다. 이런 시도에 성공하려면 생각하는 법을 배울 준비가 되어야 한다.[21]

생각이 무엇인지 아는 것과 스스로 생각하는 것은 '무언가' 다르다. 생각 과잉이 무엇인지 아는 것과 생각 과잉에 빠지는 것, 강압적인 조처로 생각 과잉을 막는 것도 다르다. 단순히 안다고 해서 그것을 실행하거나 막을 수 없다. 그러니 우리만의 고유한 무기로 생각 과잉과 맞서야 한다. 이것이 바로 철학자들의 사유로 과감히 뛰어들어야 하는 이유다. 우선 나는 이런 명제를 하나 세우고 싶다.

더 많이 생각하는 것이 덜 생각하는 것보다 항상 더 낫다.

철학에서 통찰에 도달하기 위해 널리 사용하는 방법으로, 반대되는 두 가지 의견을 충돌시켜 더 좋은 의견을 찾아내는 '변증법적 논증'이 있다. 그러므로 나의 명제 역시 얼마든지 곧바로 반박당할 수 있다. 이미 앞에서 부정적인 생각 과잉이 얼마나 흔한지, 꼬리에 꼬리를 무는 되새김이 얼마나 해로운지 살펴보았기 때문에 확실히 더 많이 생각하는 것이 덜 생각하는 것보다 항상 더 낫다는 명제는 모순되는 듯 보인다.

내 안의 생각 과잉 지지자는 열정적인 변증법 애호가로서 이런 반박의 허점을 즉시 짚어낸다. 지금부터 나는 이 지지자에게 '림비'라는 이름을 붙여 줄 것이다. 고민의 달인 림비 씨는 앞으로의 여행에서 자주 등장할 것이다. 어쨌든 지금 당장 그에게는 승산이 없다. 왜냐하면 두 주장이 서로 배타적이지 않기 때문이다. 어째서냐고? 일단 생각이 너무 많은 사람에게 필요한 메시지도 결국 이런 것이다.

어느 정도 생각이 많은 것은 괜찮다. 하지만 생각의 쳇바퀴에 무한정 갇혀 있어서는 안 된다!

결국 생각 과잉에 갇히지 않고. 오히려 그것을 정신적 발판으로 삼는 법을 익혀야 한다. 실제로 끝없이 맴도는 생각들이 모두 쓸모없는 것만은 아니다. 개중에는 유용한 접근법도 있다. 더 잘 생각한다는 것은 생각을 줄인다거나 되새김을 멈춘다는 뜻이 아니다. 더 잘 되새기는 법을 배운다는 뜻이다.

앞으로의 여행에서 알게 되겠지만, '더 잘 생각한다'라는 것은 다양한 의미로 해석된다. 어떨 때는 더 효율적으로 생각하여 더 빨리 행동한다는 뜻이고, 또 어떨 때는 나와 세상 사이의 상호작용을 신중하게 살펴 더 현명한 결정을 내려야 한다는 뜻이다. 그게 아니라면 또 어떨 때는 생각을 수정하여 완전히 새로운 관점을 얻는다는 뜻도 된다. 이른바 깊게 생각하는 '딥 씽킹Deep Thinking'을 배운다면 이 모든 것을 이룰 수 있다.

한 번쯤은 딥 씽킹이라는 용어를 들어본 적 있을 것이다. 체스 팬이라면 1980년대에 여러 세계 챔피언을 물리친 체스 컴퓨터 딥 소트Deep Thought를 떠올릴 것이다.[22] 이 컴퓨터의 이름은 더글러스 애덤스Douglas Adams의 컬트 소설 『은하수를 여행하는 히치하이커를 위한 안내서』에서 외계인이 '모든 것에 대한 궁극적인 질문의 답을 얻기 위해' 만든 슈퍼컴퓨터 '딥 소트'에서 유래했다. 소설 속 '딥 소트'에게는 실제로 그런 계산 능력이 있다. 계산에 걸리는 시간이 무려 750만 년이었을 뿐, 어쨌든 '딥 소트'는 약속된 날에 "42!"라는 계산 결과를 내놓는다.

문제는 이 숫자가 어떤 질문에 대한 대답인지 아무도 모른다는 것이었다. 질문을 알아내려면 더 강력한 컴퓨터가 필요했다. 애덤스의 작품은 여기서부터 더욱 흥미로워지기 시작한다. 작품의 팬들과 숫자 마니아들은 수년에 걸쳐 작가가 어떻게 42라는 숫자를 도출했는지에 대해 광범위한 이론을 제시했다. 마침내 1990년대 초, 애덤스는 팬 미팅에서 다음과 같은 간단한 설명을 내놓았다.

장난이었어요. 그냥 숫자로 하고 싶었죠. 평범하게 작은 숫자. 그래서 그걸 골랐어요. (중략) 책상에 앉아 정원을 바라보다 문득 "42가 좋겠군"이라고 생각했고, 입력했죠. 끝.[23]

애덤스의 팬들은 생각 과잉으로 골치를 깨나 썩었겠지만, 그럼에도 분명 충분히 재밌었을 것이다.

끊임없이 맴도는 생각의 소용돌이에 갇히는 일은 누구에게나 얼마든지 일어날 수 있다. 일단 소용돌이에 갇히면 이론에 근거한 시나리오와 그 시나리오가 빗나갈지 모른다는 불안함을 안은 채, 출발점으로부터 점점 멀리 떨어지게 된다. 나중에는 너무 멀리 벗어난 나머지 원래 무엇을 고민했었는지조차 알지 못하게 된다.

하지만 딥 씽킹을 통해서는 바로 이 생각의 본질에 다가갈 수 있다.[24] 딥 씽킹을 통해 우리의 생각이 어디에서 출발했고, 제자리를 맴도는 소용돌이를 벗어나 이 생각이 우리를 어디로 데려갈 수 있을지 자문할 것이다. 그러기 위해서는 역시 미지의 세계에 대한 호기심과 용기뿐만 아니라 적절한 장비가 무엇보다도 가장 필요하다.

8000미터 높이를 오르든 심해 바닥으로 내려가든 장비가 없으면 목적지에 도달할 수 없다. 또, 장비를 갖추면 무턱대고 홀로 생각하지 않아도 된다. '생각하기', 정확히 말해서 '더 잘 생각하기'는 철학이라는 학문이 이미 수천 년 전부터 추구해 온 목표다.

그러므로 철학과 함께 떠나는 우리의 생각 여행은 따분한 단체 관광과는 거리가 멀다. 물론 패키지 단체 관광은 따로 신경 쓸 것 없이 여기서 저기로 간편하게 이동할 수 있다는 장점이 있다. 하지만 편리함에 속아 정말 흥미로운 장소들을 놓칠 수도 있다. 유명한 명소를 다 둘러보느라 정작 나만의 특별한 장소는 놓치기 십상이다.

하지만 철학은 감춰져 있어 쉽게 볼 수 없는 곳까지 구경할 수 있도록 우리를 안내한다. 한두 번 정도는 샛길로도 빠져 기꺼이 헤매기를 즐기는 자유로운 산책자들을 위한 여행이다. 때로는 막다른 길에 닿을 수도 있지만, 헤매지 않았다면 결코 찾지 못할 '생각의 비밀 장소'를 발견하는 멋진 여행이 될 것이다.

생각 여행을 시작하기 전에 먼저 경로를 간략히 살펴보자. 이 여정에서 우리는 다른 사람들과 함께 사는 것이 무엇을 의미하는지, 내 생각 과잉의 방아쇠를 왜 내가 아닌 다른 사람들이 주로 당기는지, 이웃을 보는 관점 변화가 나 자신을 보는 관점 변화에 어떻게 도움이 될 수 있는지 배우게 될 것이다.

우리의 여정은 개인에서 출발해 전체를 향해 나아간다. 예를 들어 생각 과잉이 사회의 토론 문화와 정치 시스템에도 영향을 미친다면 어떨까? 이 질문을 바탕으로 미래의 유토피아와 디스토피아를 두루 여행하며 합리적 숙고와 유의미한 공적 담론을 맹목적 생각 과잉과 구별하는 법을 배울 것이다.

또, 우리는 가상의 실험실을 방문하여 생각 과잉이 '진짜 사실'과 '진짜처럼 보이는 사실'을 바탕으로 작동한다는 것을 확인할 것이다. 과학 세계에도 잠시 들러 어디까지 분석 과정이고, 어디부터 되새김의 아나콘다가 숨통을 휘감는 과정인지 확인할 필요가 있다. 여행을 마치면 우리는 경험한 것들을 돌아보며 어떤 경로와 샛길이 여행 일지에 기록할 가치가 있는지, 최고의 추억 사진을 어디에 붙일지 곰곰이 생각할 것이다.

하지만 일단 잠시 쉬었다 가자. 이미 말했듯이 생각의 쳇바퀴는 얕은 속임수나 정신적 계략으로 멈출 수 없다. 그러니 우선은 생각으로부터 달아나 호텔에서 휴식을 취하자. 되새길 고민거리 따위는 아무것도 없는 평온한 곳에서 쉬면서, 이렇게 하면 정말 생각이라는 괴로움으로부터 벗어날 수 있을지 확인해 보자. 자, 그러면 '현실 도피'를 향해 출발!

THINK DEEP

2부

달아날 수 없는
생각

항공권으로 해결되지 않는
머릿속 전쟁

현실에서 벗어나 그냥 훌쩍 떠나거나 환경을 바꿈으로써 내면도 변화시킬 수 있다는 생각은 새삼스럽지도, 마냥 터무니없지도 않은 주장이다. 휴가든 이사든 몸을 움직여 새로운 장소로 움직이는 것은 우리의 정신에도 영향을 미친다. '에우다이모니아Eudaimonia'를 위한 여행이든, 근처 호텔에서 즐기는 휴가처럼 그저 쾌락만을 위한 여행이든 상관없다.

에우다이모니아는 간단하게 이야기하면 '선한 영혼이 깃든 상태'를 의미한다. 이 고대 그리스어는 원래 종교적 의미로 쓰였지만, 소크라테스 이전 시대에 이르러 인간의 내면, 더 정확하게는 인간의 영혼을 뜻하는 단어로 자리 잡았다. 이후 영어로 번역되면서 '행복'이나 '좋은 삶'을 나타내는 단어가 되었다.

아리스토텔레스Aristoteles는 인간이 최고의 선을 추구하며 성취감을 느끼고 정신적 안녕을 유지하는 상태를 설명하기 위해 이 단어를 사용했다. 아리스토텔레스가 말하는 최고의 선이 정확히 무엇인지, 도덕적인 삶인지 아니면 다른 이상적 가치인지를 두고서는 많은 논쟁이 있었다. 하지만 우리가 관심을 둘 부분은 아리스토텔레스가 이런 추구를 항상 '활동'으로 이해했다는 점이다. 즉, 선을 추구하고 궁극적인 행복을 바라는 것이 단지 내면의 태도나 성격적 특성이 아니라, 일상적으로 실천되는 삶의 방식이라는 의미다.[1]

이런 활동적 측면은 에우다이모니아를 위한 여행에서도 중요한 역할을 한다. 특히 낯선 곳에 대한 갈망이나 새로움과 모험에 대한 호기심 등 일상생활과 다른 점을 추구하려는 마음이 곧 활동의 원동력이 된다.[2] 그뿐만 아니라 여행에서 돌아온 뒤 느끼는 정서적 여운을 지속시키기도 한다.

하지만 아무리 멋진 휴가라도 복권 당첨이나 수백만 달러의 상속이 없는 한 영원히 지속될 수는 없다. 심지어 실제로 거주지를 옮긴다 해도 마찬가지다. 언젠가는 평범한 일상으로 다시 돌아온다. 그러면서 여행을 통해 떨쳐냈다고 믿었거나 적어도 떨쳐내기를 바랐던 생각들도 대개 함께 돌아온다.

우리는 이 사실을 어느 정도 알고 있다. 그럼에도 주변에 널린 문제들, 더 나아가 머릿속의 고민거리들로부터 그냥 도망치는 것이 상당히 유혹적이라는 사실 역시 부정할 수 없다. 도피라는 빠르고 과감한 해결책은 힘들이지 않고도 문제를 해결할 수 있다는 점에서 거부하기 어렵다. 가뜩이나 이미 잔뜩 스트레스를 받은 상태라면 더욱 솔깃하다. "안 그래도 힘든데 잠시 현실에서 도망쳐도 괜찮지 않을까?" 같은 생각이 든다.

이러한 심리 상태를 기술적으로 설명하는 용어가 '현실 도피' 또는 '도피주의(Escapism)'다. 멀지 않은 과거에 이 용어를 매우 인상 깊게 사용한 작가가 있다. 그는 피터 잭슨이 만든 위대한 영화가 개봉한 이후로 거의 모든 사람에게 친숙해졌다. 누구인지 짐작할 수 있는가? 그렇다, 바로 『반지의 제왕』을 쓴 톨킨J. R. R. Tolkien이다.

톨킨은 자신의 에세이 「요정 이야기에 관하여」에서 "포로로 잡힌 사람은 비록 육체적으로는 탈출할 수 없을지라도 상상 속에서는 얼마든지 탈출할 수 있다"고 말한다. 그는 이런 상상이 일종의 현실 도피일 수는 있지만, 결코 비난받을 일은 아니라고 주장한다.[3]

당시 비평가들은 톨킨이 독자들을 다른 세계로 유혹하여 현실로부터 소외시킨다고 비난했다. 그러나 톨킨에게 엘프, 드워프, 호빗이 사는 마법의 땅인 '가운데땅Middle-Earth'은 오히려 일상의 고통을 대처하는 하나의 형태였다. 이 대처법은 진짜 현실과 거리를 둔 상태에서만 제 기능을 하므로 현실 도피처럼 보이기도 한다.

그러나 톨킨의 전기와 작품들의 맥락을 살펴보면 이런 판타지가 그의 현실과 얼마나 밀접하게 연관되어 있는지 명확히 알 수 있다. 그는 제1차 세계대전 중 서부전선에서 벌어진 솜 전투의 장교로 복무했다. 참호의 상황을 묘사한 당시 역사 기록들은 어둠의 땅 '모르도르Mordor'의 묘사와 크게 다르지 않았다. 가운데땅 어둠의 세력들에게는 톨킨이 참호전에서 직접 겪어야 했던 산업화된 대량 학살이 부분적으로 투영되었다. 그 외에도 톨킨은 자신의 도피주의 문학에 반대하는 사람들을 무정한 교도관에 비유하기도 했다.[4]

비록 판타지 세계에서 벌어지는 이야기지만, 톨킨은 자기만의 서사와 작품으로 현실의 전체주의와 경직된 이념에 저항했다. 화자는 자신의 이야기를 들려 줌으로써 자기 삶의 작가가 되기 때문이다.[5] 하지만 이러한 현실 도피의 방식은 일정 수준까지만 정신적 에너지를 회복하고 무너지지 않도록 돕는 자기주장으로 기능할 뿐이다. 현실 도피의 문제점으로 꼽히는 현실과의 완전한 단절, 즉 현실을 대체할 다른 세계를 창조하고 그곳에 매몰되는 것은 또 다른 별개의 이야기다. 이 이야기는 나중에 다루기로 하자.

알고리즘이 만든
가짜 안락함

현실 도피의 예시를 더 살펴보자. 요정이나 마법 같은 것들은 문학뿐 아니라 소셜 미디어에서도 만날 수 있다. 적절한 알고리즘만 있다면 피드는 금세 그런 것들로 채워진다. 하늘하늘 꽃무늬 원피스를 입은 금발 여성들이 마법의 숲을 거니는 모습, 직접 빚은 찻잔과 모락모락 김이 나는 차, 낡은 나무 액자에 담겨 벽에 걸린 말린 꽃잎까지. 이 모든 것은 그 자체로는 특별하지 않지만 어쩐지 마법 같은 기운이 느껴진다.

이 기운이 느껴지는 이유가 단지 인스타그램 필터 때문만은 아니다. 이런 게시물에는 종종 '코티지코어cottagecore'라는 해시태그가 붙는다. 코티지코어는 앞서 설명한 이미지들로 이상화된 시골 생활을 추종하는 인터넷 미학이다. 이 미학의 핵심은 복잡한 도시에서 벗어나 소박한 삶, 특히 전원적이고 목가적인 삶, 야생화가 피어 있는 초원과 동물을 찬양하는 것이다.

코티지코어의 주요 감정은 향수다. 빈티지 의류, 빈티지 가구, 빈티지 식기 등 '빈티지vintage'가 중요하다. 당연히 실제로 사용해서 낡은 것이 아니다. 그저 그렇게 보이도록 연출된 것이다. 말하자면 좋은 분위기를 내기 위해 필요할 뿐이지 과거에 정말 이런 모습이었는지는 중요하지 않다. 그리고 당연히 대부분은 실제로 과거에 그렇지 않았다.

이런 계정 중 일부는 팔로워가 수십만 명, 심지어 수백만 명에 달하고, 게시물로 큰 수익까지 올린다. 예를 들어 유튜브 채널 《The Cottage Fairy》의 주요 콘텐츠는 낭만적인 전원생활이다. 채널 주인인 파올라 메릴Paola Merrill이 요정을 연기하며 워싱턴의 그림 같은 계곡에서 코티지코어적 삶을 보여 준다.

메릴이 다양한 플랫폼에서 판매한 수채화와 스케치 속 요정, 정령, 여러 신비로운 존재들은 그녀의 영상에서 중요한 역할을 했다. 영상의 메시지는 '자연과 하나 되기'다. 영상에서 그녀는 맨발로 숲속 빈터를 거닌다. 그녀의 모습이 때로는 정령처럼 느껴지기도 한다. 여기에 더해지는 명언과 내레이션도 전체적인 분위기에 신비감을 더한다. 그 중심에는 영혼이 깃든, 살아 있는 자연이 있다. 이 자연은 꼭 신처럼 보이기도 한다.

메릴의 영상은 새로운 발명품이 아니다. 이런 유의 철학적 사상도 이미 수천 년 동안 지속되어 왔다. 유럽 사상사에서는 앞서 언급한 소크라테스 이전 철학자들에게서 찾아볼 수 있다. 그중 한 명이 기원전 6세기의 철학자이자 서사시 낭송가였던 크세노파네스Xenophanes다.

크세노파네스의 서정시에도 신을 '영원불변한 존재'로 여기는 철학 사상이 담겨 있다. 그가 생각하는 신은 고대 신화 속 신들과는 근본적으로 달랐다. 제우스와 아프로디테를 비롯한 올림포스의 다른 신들은 당시 예술 작품에서 인간처럼 보였을 뿐만 아니라 실제로 인간처럼 행동했고, 심지어 종종 잔혹하기까지 했다. 하지만 크세노파네스는 이런 신의 개념에 전혀 공감하지 못했다.

> (통치하시는 분은) 오직 한 분뿐. 그분은 신들과 인간들 가운데 가장 위대하시고, 외모와 생각도 유한한 인간과 닮지 않으셨다. 그분은 모든 것을 보고 생각하고 들으신다.[6]

크세노파네스가 생각하는 신성은 비물질적이었다. 그리고 이런 신성은 인간의 모습이 아니라 우리를 둘러싼 세계의 다채로운 형상으로 드러난다고 믿었다. 역으로 생각하면 자연의 모든 것에는 영혼이 깃들어 있고, 그래서 모든 것은 곧 신성하다는 뜻이 된다. '범신론'이라 불리는 이 사상은 세계 다른 지역의 철학과 종교에도 등장한다.

코티지코어는 이런 범신론을 차용하지만, 그것을 크게 부각하지는 않는다. 그래야 실제 비치는 모습보다 모든 것이 훨씬 더 심오해 보이는 효과를 얻을 수 있다. 코티지코어의 마케팅에서는 많은 것이 사이비 영성으로 변질된다. 이런 가짜 영성은 가능한 한 모든 것을 포함하고, 모든 사람에게 다가갈 수 있도록 모호함을 유지한다.

여기에 마케팅이 붙어 우리를 다시 인플루언서들의 곁으로 데려간다. 코티지코어에서 자연과의 일체는 속도와 부담이 지배하는 현대 사회에서 한 걸음 물러나는 것으로 이해된다. 자연으로 돌아가는 '구원의 도피'는 콘텐츠의 내용에서도 잘 드러나지만, 무엇보다 눈에 보이는 미학적 요소로 잘 표현된다.

이를테면 의미심장한 화면 전환 속도나 신비한 배경 음악, 황토 빛깔 필터가 적용된 인스타그램 스토리같이 코티지코어의 모든 것은 느리고 은은하다. 이는 번잡한 출퇴근 시간과 쳇바퀴처럼 돌아가는 직장 생활 등 적대적인 외부 세계와 대조를 이룬다. 사색이든 수공예든, 그게 아니면 과일잼 만들기나 텃밭 가꾸기 같은 집안일이든 모든 활동이 게시할 만한 가치가 있는 콘텐츠로 인정받는다. 코티지코어의 팔로워들은 이런 활동에 클릭과 '좋아요'를 보낸다.

어떤 사람은 이 코티지코어에서 편안함과 치유를 느낄 수도 있고, 반대로 또 어떤 사람은 지루하고 무의미하다며 무시할 수도 있다. 비판적인 관점에서는 왜 이런 콘텐츠가 누군가에게는 가치 있어 보이고 또 누군가에게는 가치 없어 보이는지, 그 기준이 과연 무엇인지와 같은 의문을 제기할 수도 있다.

그러나 생각 과잉을 다루는 우리의 여정에서는 다른 부분에 주목하고자 한다. 드라마 시리즈나 장편 영화 같은 경우 제작자와 소비자 모두가 이것이 허구이고, 예술적으로 꾸며진 환상이라는 것을 명확히 알고 있다. 반면에 대다수 유튜버는 자신들이 보여 주는 것이 마치 평범한 일상생활인 것처럼 행동한다. 코티지코어 유튜버들도 마찬가지다. 하지만 목가적 전원생활의 소박한 삶으로 팔리는 콘텐츠는 의심의 여지 없이 연출된 퍼포먼스다.

물론 이것을 공개적으로 드러내는 계정들도 있다. 예를 들어 모건 롱^{Morgan Long}이라는 문학 유튜버가 있다. 그녀는 자신이 좋아하는 책을 구독자들에게 소개하고, 오리건주 포틀랜드의 서점과 북카페를 탐험한다. 그녀의 영상에는 언제나 '마법'과 '아늑함'이라는 헤드라인이 붙는다.

그러나 한 영상에서는 과감히 그 환상에서 빠져나온다. 모건은 먼저 채널에서 흔히 볼 수 있는 짧은 영상을 보여 주고, 곧바로 이어서 이 짧은 영상을 촬영하는 데 얼마나 많은 수고

가 들었는지 보여 준다. 일찍 일어나는 모습을 담기 위해 특별히 거꾸로 흐르는 스마트폰 시계를 촬영하고, 어두운 욕실에서 양치질하고, 반려견 산책을 담기 위해 카메라 위치를 계속 바꾼다. 강아지 산책 촬영은 편안한 자연 산책보다는 오히려 장애물 경주에 더 가깝다. 카메라를 설치하고 프레임을 통과한 후, 다시 돌아와 촬영이 제대로 되었는지 확인하고, 필요하면 다시 촬영하고, 다음 장소로 이동한다. 그리고 편집하고, 지우고, 가리고, 음악을 추가하는 등 후반 작업이 이어진다.

결과만 보면 별 어려움이 없었을 것 같지만, 그런 결과물이 나오기까지 수많은 계획, 대본 작성, 준비, 그리고 필요하다면 이 모든 것을 반복하는 과정이 있었다. 모건이 전달하고자 하는 메시지는 '우리가 보는 편안해 보이는 콘텐츠는 현실이 아니라 철저히 기획되고 연출되었다'는 것이다. 하지만 이런 식으로 솔직하게 밝히는 경우는 매우 드물다.

이렇게 밝히지 않을 때, 많은 문제가 생긴다. 특히 구독자들이 연출된 환상과 이상적인 이미지를 실제 현실로 받아들이거나 심지어 흉내 내려고 하면 상황이 심각해진다. 바로 이 지점에서 온갖 상업적 술수가 끼어들기 때문이다. 인스타그램과 틱톡은 어떨 때는 아주 교묘하게, 또 어떨 때는 노골적으로 상품을 판매한다. 공정하고 바르게 행동하고자 하는 사람들은 영상에 '광고'라고 자막을 넣거나, 향수를 불러일으키는 에나멜 프라이팬을 무료로 협찬받았다고 언급한다. 이 멋진 브랜드와의 훌륭한 파트너십을 위해 돈도 입금되었다는 사실은 주로 은폐되고, 프로모션 코드와 링크가 더해진 상업 광고라는 사실 역시 기꺼이 감춰진다.

이 모든 것은 코티지코어가 내세우는 "뿌리로 돌아가라"는 구호와도 거의 관련이 없고, 특히 지속가능성과는 전혀 관련이 없다. 그런데도 코티지코어는 보란 듯이 지속가능성이라는 명찰을 달고 나온다. 라모나 존스Ramona Jones는 저서인 『코티지코어로의 탈출』에서 코티지코어 라이프 스타일은 '그냥' 집에서 편안하게 차를 마시며 책을 읽는 것으로 시작될 수 있다고 설명한다. 당연히 이것을 의식적으로 행할 때 얘기다.

코티지코어는 편안함과 안락함을 추구하는 라이프 스타일인 스칸디나비아의 '휘게hygge'와도 겹쳐 보인다. 그러면서 울 담요, 예쁜 양초, 벽 장식 등에 'cottagecore'라고 적힌 띠지를 붙여 판매 가치를 높인다. 말하자면 코티지코어는 무엇보다 그 자체로 하나의 브랜드인 셈이다. 코티지 스타일로 디자인된 의자, 그릇, 장식품을 사기 위해 기존의 가구를 모두 창밖으로 던져야 한다면, 존스의 주장과 달리 지속가능성은 어디에도 남아 있지 않다.

결국 여기에서도 인플루언서들이 흔히 하는 일, 즉 소비 조장이 벌어진다. 진짜 손으로 만든 옷이나 수제 세공품은 너무 비싸서 패스트 패션과 홈 데코 업계는 이 트렌드를 따라가는 저렴한 제품을 내놓기 일쑤다. 결국 중요한 것은 겉모습이다. 겉보기에 똑같으면 된다.[7] 코티지코어의 이념으로 선전되는 생태적, 반자본주의적 도피와는 그 의미가 상당히 다르다.[8]

내가 코티지코어 트렌드의 의미에 대해 너무 많은 생각을 하는지도 모른다. 어떤 사람들은 어깨를 으쓱하며 "너무 흥분하지 마. 그러거나 말거나 들썩거리지 말고 그냥 내버려둬"라고 말할 것이다. 틀린 말은 아니다. 나빠 봐야 그저 무의미한 쇼핑과 흔한 소비 조장의 한 예일 뿐이고, 이런 일은 곳곳에서 흔히 벌어지고 있으니 말이다.

하지만 온갖 인테리어 디자인에 정신 팔려 있다 보면 이런 형태의 현실 도피가 추종자들을 정확히 어디로 데려가려 했었는지 잊어버리기 십상이다. 현실 도피의 목적이 무엇이었는지 다시 떠올려 보자.

일상에서 벗어나기.

그래, 그거였다. 그러기 위해서 우리는 어디로 가야 할까?

더 좋았던 과거로!

정답! 가능한 한 적은 디지털 기술만을 가지고 말이다. 물론 모든 것을 촬영하여 온라인에 올릴 수 있는 기술은 꼭 있어야 한다. 이런 모순은 콘텐츠에 거의 반영되지 않는다. 그래서 코티지코어의 세계는 분업이나 산업화 이전 어딘가에 머무르는 동시에 의료 서비스나 교육 접근성 같은 현대적 혜택은 포기하지 않으려 한다. 요컨대 이처럼 모호하게 미화된 형태의 '좋았던 옛 시절'은 애초에 존재한 적이 없었다.

솔직히 말해서 이런 비논리를 코티지코어 운동만의 모순이라고 지목할 수는 없다. 전원생활의 낭만과 단순함을 찬양하는 것 역시 놀라울 정도로 오랜 전통을 가지고 있다. 고대에도 양치기들의 삶은 서정시의 단골 소재였다. 전원생활의 평화롭고 이상적인 측면을 묘사하는 '부콜릭Bucolic' 장르는 스트레스에 시달리는 로마 귀족들의 목가적 삶에 대한 갈망을 채워 주었다.[9] 부유한 로마인이 목가적 서정시를 들으며 낭만도, 자유도 꿈꿀 수 없는 노예들에게 음식 시중을 받는 장면을 떠올려 보자. 떠올리는 것조차 불쾌하지 않은가?

오스트리아 공주이자 훗날 프랑스 왕비가 된 마리 앙투아네트Marie Antoinette 역시 파리 민중들의 걱정과 고난에는 거의 관심이 없었다. 그녀는 양치기 소녀처럼 차려입고 베르사유 궁전에 특별히 조성한 그림 같은 가짜 농촌 마을에서 여가를 즐겼다.

하지만 이 '왕비의 마을'은 겉모습만 소박할 뿐 내부는 매우 고급스러웠다. 왕비가 머물러야 하는 내부까지 굳이 민중들의 현실과 똑같을 필요는 없었을 것이다.

이 마을에는 풍차도 있었지만, 풍차 날개가 제대로 돌아가지는 않았다. 거기서 무언가를 빻을 일도 없었다는 것 역시 두말할 필요가 없다. 하지만 마을 전체가 진짜처럼 보일 수 있게 어부 움막과 농가에 실제로 몇몇 사람을 살게 했고, 그들은 각자 맡은 일을 해야 했다. 심지어 여름이 끝나면 수확도 할 수 있었다.[10] 제대로 된 사회는 아니었지만, 그래도 휴가를 보내고 싶은 마음이 들기에는 충분했다.

세상을 등지고 내면세계나 이상향으로 숨어드는 현실 도피가 가장 두드러지는 역사적 예시는 아마 19세기 전반 유럽 중부에서 유행한 중산층 라이프 스타일인 '비더마이어Biedermeier' 양식일 것이다.[11] 예를 들어 오늘날 박물관에 전시된 그림들을 통해 알 수 있는 비더마이어 시대의 전형적인 이미지는 '소박함'이다. 소박한 인테리어로 꾸며진 거실에 앉아 오후 햇살을 받으며 책을 읽고, 놀이를 즐기고, 수예품을 만드는 단란한 가족의 목가적인 풍경 같은 것이 오늘날의 관점에서는 고리타분한 소시민의 전형처럼 보일지도 모른다.

실제로 당시 아늑한 낙원 같은 거실의 창밖에서 벌어지는 일은 대부분 충격적이었다. 비더마이어 양식이 유행하기 전부터 이미 수십 년 동안 많은 유럽인들, 특히 전 대륙의 통치 가문들은 두려움에 떨며 프랑스를 예의주시하고 있었다. 단두대를 앞세운 프랑스 혁명이 신으로부터 부여받았다고 여겨지던 지배 계급의 특권을 뒤흔들었기 때문이다. 게다가 이 '평민의 반란'은 머지않아 나폴레옹의 독재와 파괴적 전쟁의 소용돌이로 이어졌다.

돌이켜보면 프랑스 혁명에 비해 평화롭긴 했지만, 1848년 '3월 혁명' 직전의 독일도 억압적인 정치 체제와 그에 대항하는 자유주의적 움직임이 공존하던 혼란의 시기였다. 이 시기를 가리켜 '3월 전기'라고 부르기도 한다. 3월 전기의 전운은 새롭게 자리 잡은 부르주아 계층을 불안에 빠트리기에 충분했다.[12] 비더마이어 양식은 이런 불안으로부터의 현실 도피였던 셈이다.

점점 더 복잡해지는 세계 질서 속에서 자기만의 벽 안으로 물러나 다른 모든 것을 차단하고 싶은 욕망 자체는 충분히 이해할 수 있다. 오늘날처럼 불확실한 시대에도 많은 사람이 비슷한 욕구를 느낀다.[13] 그들이 세상을 등지고 최소한 미학적으로나마 '신(新) 비더마이어 시대'에 뛰어들고 싶어 하는 것도 그리 놀라운 일은 아니다.

고독과 도피를
연출하는 시대

　현실 도피를 이야기할 때 빼놓을 수 없는 두 유명 인사가 있다. 화가 카스파 다비트 프리드리히^{Caspar David Friedrich}와 시인 프리드리히 횔덜린^{Friedrich Hölderlin}이다. 이들은 최근 몇 년 동안 대단한 인기를 누렸는데, 여기에는 매우 현실적인 이유가 있다.

　일단 두 사람 모두 최근에 기념일을 맞았다. 2020년은 횔덜린 탄생 250주년이었다. 4년 후에는 프리드리히가 탄생 250주년을 맞았다. 각각 함부르크와 베를린에서 대규모 회고전이 열렸다. 이것만으로도 언론의 관심을 끌기에는 충분하지만, 두 예술가가 많은 주목을 받은 진짜 이유는 그들의 이야기가 지금 현실과 놀라울 정도로 닮아 있었기 때문이다.

우리는 위기의 시대에 살고 있다. 변화는 성평등과 같은 기회가 되기도 하고, 전문 인력 부족과 같은 도전 과제가 되기도 한다. 또, 어떤 면에서는 기후 변화라는 심각한 문제로 나타날 수도 있다. 이러한 변화를 긍정적인 기회로 볼지, 위태로운 문제로 볼지는 개개인의 정치적 입장에 따라 다르다. 이런 상황에서 코로나 팬데믹은 봉쇄 조치를 통해 사람들을 자기 내면으로 되돌려 보냈고, 깊은 생각에 잠기게 했다. 그때 우연히 횔덜린의 생애와 작품을 접한 사람들이 금세 횔덜린에게서 자신의 심리 상태와 연결되는 지점 몇 가지를 발견했다.[14]

먼저, 이 시인의 생애는 도피로 점철되어 있었다. 횔덜린은 전쟁이나 굶주림이 아니라 제약과 관습, 감정의 과부하로부터 도망치고자 했다. 그를 목사로 만들려는 아버지의 계획에서 벗어나기 위해 가정교사로 일하며 어느 정도 자금을 확보했다.

이후 독일의 전통적인 대학 도시 튀빙겐으로 떠나 후대에 유명해진 철학자 게오르크 빌헬름 프리드리히 헤겔Georg Wilhelm Friedrich Hegel과 프리드리히 W. J. 셸링Friedrich Wilhelm Joseph von Schelling을 동창으로 만났다. 횔덜린은 두 사람과 비교적 잘 지냈다. 하지만 예나에서 만난 프리드리히 실러Friedrich Schiller의 압도적 존재감에 매료되어 결국 실러를 따라 프랑크푸르트로 갔다.

프랑크푸르트에서 횔덜린은 가르치던 제자의 어머니와 뜨거운 사랑에 빠졌고, 이는 당연히 그녀의 남편을 화나게 만들었다. 그래서 횔덜린은 명예가 실추되기 전에 서둘러 떠날 수밖에 없었다. 프랑크푸르트를 떠난 그는 보르도에서도 가정교사로 일했다. 하지만 몇 달 후 다시 황급히 그곳을 떠나 뉘르팅겐에서 알 수 없는 불안증에 시달리며 잠시 어머니와 함께 지냈다. 그러다 결국에는 튀빙겐으로 돌아와 어느 목수 부부와 함께 살게 되었는데, 그곳에서 그는 탑 꼭대기 골방에 틀어박혀 불안정한 심리 상태로 시를 썼다.[15]

횔덜린은 한평생 다양한 이유와 상황 때문에 세상으로부터 도망치고 싶어 했던 것 같다. 그는 이리저리 움직이며 지리적으로 도망쳤지만, 사실 내면으로 도피한 것에 더 가깝다. 그는 「한층 높은 인간다움」이라는 시에서 자신은 이런 도피를 결코 부정적으로 생각하지 않고, 오히려 인간의 기본 조건으로 여긴다고 썼다.

인간에게는 내면을 향하는 감각이 주어졌기에
더 나은 것을 알아보고 선택한다
그것이야말로 우리가 추구할 목표이자 참된 삶이니
그리하여 삶의 햇수는 더욱 정신적으로 헤아려진다[16]

여기서는 내면의 성찰, 즉 생각에 잠기는 것이 괴로운 자기 고문처럼 보이지 않는다. 그런데도 횔덜린의 생애에는 오랫동안 '천재와 광기'라는 팻말이 달려있었다. 일부 학자는 그가 자신의 망상을 연출했을 뿐이고, 그 연출을 깊은 심리적 상처를 가리기 위한 가면으로 사용했다고 주장했다.[17] 하지만 그가 생애 후반부 내내 이런 식으로 연기를 했다고 보기는 어렵다.

또 다른 학자들은 횔덜린이 정신 능력은 온전하지만 언어 표현에 장애가 있는 조현병을 앓았다고 진단했다. 어떤 기록에는 그의 사고력이 완전히 붕괴했고, 중증 조현병에 가깝다고도 적혀 있다. 횔덜린이 살던 집의 주인은 이렇게 말했다.

> 횔덜린은 고정관념이 없다. 그는 이성을 희생하여 상상력을 풍부하게 만든 것인지도 모른다.[18]

과학적이지는 않지만 어쩌면 더 적절한 설명일 수도 있다. 이렇듯 횔덜린의 창작 욕구와 내적 고통, 외적 불안정이라는 요인이 양극성 장애인지 우울증인지 또는 다른 어떤 것인지에 대해서는 오늘날 연구자들 사이에 의견이 분분하다. 애초에 그의 상태에 진짜 병리학적 요인이 있었는지조차도 불확실하다. 어쨌든 횔덜린은 생각 때문에 고통받는 사람이었고, 그럼에도 생각은 그의 전부였다. 어떤 의미에서 생각은 저주이자 운명이었다. 그의 죽음과 함께 도피 신화가 시작되었고, 이 신화는 그후 수 세기 동안 이어져 오고 있다.[19]

횔덜린은 19세기까지 거의 잊혀졌다가 20세기 들어 다시 명성을 얻었다. 마르크스주의자들과 국가사회주의자들 모두 그를 이용했다. 라인강과 독일을 찬양하는 그의 특별 시집 『야전판』이 출간되었고, 제2차 세계대전 중 병사들은 이 시집을 지니고 참호를 기었다.[20] 국가주의 철학이 횔덜린 열풍을 부추겼다. 20세기의 가장 중요한 철학자이자 자칭 국가사회주의자였던 하이데거는 횔덜린의 신비로운 시에 자신의 철학적 개념이 담겼다고 믿었고, 횔덜린의 "그리고 인간은 시적으로 거주한다"[21]라는 시구를 철학적 사유의 지침으로 삼았다.

하이데거 역시 도피를 부정적으로 보지 않았다. 제2차 세계대전이 끝난 후, 나치의 제3제국에 부역했다는 이유로 연합군이 그의 교수직을 박탈했을 때만 그렇게 생각한 것이 아니다. 한적한 시골 마을인 메스키르히 출신의 이 철학자는 어린 시절부터 자신을 '자연 소년'이라고 소개했다. 교회 관리인의 아들로 태어난 그는 당대 학계에서 아웃사이더에 가까웠고, 대학 철학계에서 명성을 얻은 지 한참 후에도 계속 이런 위치를 지향했다. 그의 저서 중에는 『들길』이나 『숲길』 같은 제목이 있다. 실제로 그의 육체적, 정신적 안식처는 토트나우베르크 산의 오두막이었다.

하이데거는 오두막집이 있는 슈바르츠발트에서 마음의 고향에 온 듯 편안함을 느꼈고, 시골 본연의 특성 때문에 도시 생활보다 전원생활을 더 좋아했다. 그는 대학 총장일 당시에 했던 악명 높은 연설에서 전원생활이 나치 이념과 일치한다며 찬양했고, 시골과 나치 독일이야말로 육체적 노력과 군사 훈련 그리고 명예로운 노동의 안식처라고 칭송했다. 그는 도시성을 연약하고 현대적이고 유대적이라며 강력히 거부했다. 이 표현은 2010년대 후반에 처음 출판된 그의 반유대주의 글들에 적혀 있다.

오스트리아의 극작가 토마스 베른하르트^{Thomas Bernhard}는 희곡 『옛 거장들』에서 시골로 도망친 하이데거의 현실 도피에 대한 논쟁적 풍자를 거침없이 쏟아냈다.

> 나는 항상 슈바르츠발트의 철학자 하이데거가 아내와 함께 슈바르츠발트 벤치에 앉아 있는 모습을 본다. 그의 아내는 기괴한 뜨개질 열정에 사로잡혀 하이데거의 양털에서 직접 얻은 털실로 쉼 없이 하이데거의 겨울 양말을 뜨고 있다. (중략) 하이데거는 독일 철학에 자신의 조잡한 수면 모자를 씌운 소시민이다. (중략) 하이데거 자신도 기회가 있을 때마다 그 수면 모자를 썼다. 하이데거는 잠잘 때 요긴한 독일인들의 '실내 슬리퍼 및 수면 모자' 같은 철학자일 뿐이다.[22]

다음으로 우리는 카스파 다비트 프리드리히의 그림에서도

도피를 마주할 수 있다. 이 도피는 당연히 훨씬 더 회화적이다. 그러나 그것은 횔덜린의 시에서 마주하는 것과 달리 물리적이고 내면을 향하는 도피가 아니다. 인간이 자신의 인간다움과 맞대면하는 자연으로의 도피다.

그래서 카스파의 그림은 사실 당시 사람들의 취향과는 정반대였다. 비더마이어 시대에는 주로 가정생활의 실내 장면을 그린 실내 초상화가 큰 인기를 누렸다. 이 그림들은 네덜란드 회화, 특히 17세기 요하네스 베르메르^{Johannes Vermeer}의 실내 묘사를 모범으로 삼았고, 부르주아의 삶과 정서를 보여주는 지표였다.[23] 이 그림들은 가문 대대로 상속되었다. 카스파가 풍경을 배경으로 그린 그림들과는 완전히 달랐다.

카스파의 그림에서 인간은 자연의 일부이면서 동시에 자연과 구별된다. 그의 몇몇 유명한 그림들, 특히 「안개 바다 위의 방랑자」의 미술사적 특징은 인물을 뒤에서 바라본 독특한 시선이다. 이 그림은 밈으로 활용하기에 아주 용이한 덕분에 수년간 잡지 표지와 소셜 미디어 게시물을 장식해 왔다.

원작에서 우리는 방랑자의 시선으로 바다 풍경을 바라보는 동시에 방랑자의 뒷모습을 본다. 방랑자는 등을 돌리고 있어서 어떤 인물인지 알아볼 수 없고, 그래서 더욱 공감을 불러일으킨다. 누구나 그런 방랑자가 될 수 있고, 되기를 염원한다.

우리는 그를 풍경의 일부, 즉 그의 앞에 펼쳐진 안개 속에서 솟아오르는 장엄한 자연의 일부로 보는 동시에 색채와 입체감으로 자연과 뚜렷하게 구분한다. 그는 거기서 무엇을 하고 있는 것일까? 그는 풍경을 바라보며 생각에 잠겨 있는 듯하지만, 동시에 풍경에서 멀리 떨어져 있는 듯하다. 아니면 안개 위에 떠 있는 모습 그대로 현실 위에도 떠 있는 것일까?

카스파의 「방랑자」나 「해변의 수도자」 역시 외로움을 묘사한 작품이지만, 적어도 오늘날의 관람객들에게는 그 어떤 슬픔도 남기지 않는다. 하지만 당시 대중은 이런 우울함에 거부감을 느꼈고, 다른 예술가들과 달리 카스파는 그의 화풍을 그대로 따르려는 제자를 찾지 못했다. 그의 작품은 훨씬 뒤에야 '개인에 대한 찬사'로 이해되기 시작했다.[24]

카스파의 작품에서 '고립'은 모든 인간의 갈망이자 성취하고 싶은 소원이다. 소셜 미디어 크리에이터들이 괜히 카스파의 작품을 연상시키는 장면을 게시물에 담아내는 것이 아니다. 게다가 이런 장면을 찍을 때 중요한 점은 가급적 주변에 다른 사람은 보이지 않아야 한다는 사실이다.

하지만 요즘같이 대규모 관광과 저가 항공이 유행하는 시대에 숨 막힐 듯 아름다운 장소가 자기만 아는 장소로 남는 일은 거의 없다. 고요한 자연 속에 혼자 있는 사진을 위해서는 적절한 연출이나 보정을 해야만 한다.

이런 유행 때문에 바이에른 시 의회는 사진 촬영에 최적인 인피니티 풀을 연상시키는 아름다운 호수이자 천혜의 수영장인 쾨니히스제를 폐쇄하기에 이르렀다. 이곳에서는 멋진 사진을 건지려는 관광객들이 카스파의 그림과 비슷하게 물속에서 자세를 잡고, 그러는 동안 투어 가이드는 '알프스 호수의 파노라마를 배경으로 물속 주인공의 뒷모습'을 담은 종합 예술 작품을 촬영해야 했다.

사진에는 나오지 않지만, 수영장 주위에는 자신만의 독특한 사진을 찍기 위해 수많은 사람이 줄을 서 있다. 이 과정에서 호수 주변 자연은 짓밟히고 어지럽혀졌다. 그래서 관광객의 출입을 금지할 수밖에 없었다. 현재는 관광객 대신 관리인들이 호수 주변 지역을 감시하고, 여전히 사진을 찍기 위해 몰려드는 수많은 관광객의 출입을 금지한다. 사실 이런 금지는 일종의 보호 조치이기도 하다. 인파로 인해 지반 안정성이 취약해져서 땅이 언제 가라앉을지 모르기 때문이다.[25]

이렇듯 고독으로의 도피가 대규모 행사로 변질된다는 것은 무엇인가 심각하게 잘못된 것이다. 국립 공원의 사슴과 땅에 둥지를 튼 새 들뿐 아니라 도피한 당사자들에게도 문제다. 일상에서 벗어나 자연으로 도피한다? 팔로워와 완벽한 사진을 찍으려는 욕심 때문에 생각 과잉에서 벗어나기는커녕 완전히 반대 방향으로 향하는 일이 부지기수다.

오늘날 자연으로의 도피는 사실상 불가능하다. 인피니티 풀

을 닮은 천혜의 수영장에서는 딥 씽킹으로 흐르는 가느다란 물
줄기조차 흘러나오지 않는다. 디지털 디톡스 역시 그런 식으로
는 불가능하다. 그렇다면 도피는 디지털 시대 이전의 몇몇 히
피들에게만 가능했을까? 그렇지 않다. 우리는 그렇게 쉽게 포
기하지 않을 것이고, 인터넷 역시 그럴 것이다.

'좋았던 그 옛날'을
연기하는 그림자들

사실 코티지코어가 과장되게 선전하는 것처럼 마음의 평온을 위해 세상과 완전히 단절할 필요는 없다. 어쩌면 과거에 성공했던 방식으로 돌아가기만 해도 충분할지 모른다. 휴대전화로 촬영하든 안 하든 상관없는 일이다. 전통적인 수단을 활용하는 것이 기본적으로 그렇게 나쁜 제안은 아니다. 특히 지속성을 추구할 때 많은 사람이 흔히 전통을 떠올리기 마련이다. 전통에는 이미 철저히 효과가 검증된 개념들이 포함되어 있기 때문이다. 그렇지 않은가?

하지만 여러 전통주의자의 주장에서 명확히 드러나듯이 안타깝게도 전통이란 양날의 검과 같다. 전통주의자들의 주장에는 오랫동안 이어진 특정 방식이 틀렸을 리가 없다는 전제가 기본으로 깔려 있다. 하지만 인류가 줄곧 이런 태도를 유지했다면 우리는 분명히 아직도 원숭이처럼 나무 위에 앉아 있을 것이다. 땅 위를 돌아다니는 것, 더 나아가 똑바로 서서 걷기까지 하는 일은 전통에 어긋나기 때문이다. 똑바로 서는 것도, 걷는 것도 전통주의자들이 보기에는 말도 안 되는 일이다!

물론 이런 주장이 다소 억지스럽다는 점은 인정한다. 생물학적 진화와 문화는 대체로 아무 관련이 없으므로 비교 자체가 잘못되었기 때문이다. 그렇더라도 흔한 기대와 달리 전통의 영원성이란 불분명하다.

이번에는 바이에른 토박이인 내가 소중히 여기는 전통 의상을 예로 들어 보겠다. 나는 누구나 자기가 원하는 대로 옷을 입을 수 있는 복장의 자유를 지지한다. 나의 친척과 친구들 옷장에는 대부분 분명히 여성용 의복인 '디른들Dirndl'과 남성용 의복인 '레더호제Lederhose'가 걸려 있을 것이다.

하지만 내 옷장에는 두 벌 모두 없고, 앞으로도 없을 것이다. 나는 전통 의상이 그저 변장일 뿐이라고 생각하기 때문이다. 전통 의상을 좋아하거나 멋진 스타일이라고 여긴다면 기꺼이 즐겨 입으시라! 하지만 이 전통 의상이 아득한 과거부터 이어진 아주 오래되고 원초적인 관습이며 전통이기 때문에 소중하다고 호소하는 것은 다른 문제다.

먼저, 몹시 대단한 전통이라고 알려진 것치고 바이에른 전통 의상은 엄밀히 따지면 그 기준에 부합하지 않는다. 이 의상은 비교적 최근에 발명됐기 때문이다. 19세기 비텔스바 가문은 바이에른의 민족 정체성을 강화하고자 농민들에게 특정 스타일의 의복을 장려했다. 민족 정체성이 단결을 촉진하고 폭동을 예방한다고 생각했기 때문이다. 프로이센과 거리를 두고자 한 막시밀리안 2세Maximilian II가 바이에른 왕으로서는 최초로 전통 의상을 입은 인물이었다.[26]

나치는 이 전통 의상에 담긴 애국심을 활용하기까지 했다. 히틀러는 레더호제를 입고 포즈를 취했고, 히틀러청소년단의 제복 역시 전통 의상의 패턴을 기반으로 했다. 전통 의상의 모양과 착용 허용 대상을 법으로 규정했다. 이를테면 합병된 오스트리아에서는 1938년부터 '비(非) 아리아인'은 전통 의상 착용이 금지되었다.[27]

현실로부터 도피하기 위해 전통을 찾던 사람이 어느샌가 다시 역사적, 정치적 소용돌이 속으로 빨려 들어가는 모습을 보라. 참으로 역설적인 도피다. 그들은 도피를 통해 최소한 정신적으로나마 이 세상의 여러 사건에 얽힌 복잡한 의존성에서 벗어나고자 했지만, 결국 벗어나지 못했다.

벗어나려 하면 할수록 더 벗어날 수 없는 상황이 모순처럼 들리기도 하지만 사실 그렇지 않다. 우리의 존재 자체가 역사,

정치와는 떼어 놓을 수 없기 때문이다. 우리는 결국 정치와 역사로 돌아올 수밖에 없다. 하지만 나는 절대 '모든 것이 정치다'라는 68혁명의 고전적 슬로건을 여기서 사용하지 않을 것이다. 그것이 소셜 미디어의 헛소리와 해시태그 정치의 시대에 그 어느 때보다 적절할지라도 말이다.[28]

그렇다면 현실 도피 논쟁에서 현실을 그토록 강하게 비판하는 이유는 무엇일까. 바로 현실 도피의 지지자들은 부패한 현재에서 벗어나 그것을 비판하는 사람이 제시하는 길만이 더 나은 미래로 가는 유일한 길이라고 믿기 때문이다. 물론 그 자체로는 비난받을 일까지는 아니다. 그저 자신의 주장을 다른 사람들에게 설득하려는 시도 중 하나일 뿐이다.

이런 주장에서 '더 나은 미래'는 과거를 돌이켜 봄으로써 형상화되고, 과거는 그에 걸맞게 밝은 빛으로 묘사된다. 가치가 여전히 가치였고, 전통이 여전히 전통이었으며, 어느 것이 옳은지 그른지 오래 고민할 필요가 없었던, 좋았던 그 옛날! 특히 복잡한 상호 관계로 얽힌 지구화된 세상에서 미화된 과거는 큰 안도감을 준다.

하지만 이 또한 전통의 진정성에 매우 광범위한 해석의 여지가 있음을 보여 준다. 그래서 '관습'이라는 꼬리표가 전통에 대한 비판을 방어하는 방패 구실을 하기도 한다. 독일의 보르

쿰 섬에서는 매년 12월 5일 밤이 되면 클라스옴 축제가 열린다. 이 축제에서는 가면을 쓴 사람들이 여성을 쫓아가 소의 뿔로 때리는 전통이 있다. 관습이라는 방패는 바로 이 축제를 둘러싼 폭로들에서 어처구니없는 형태로 드러났다.

축제 주최자들은 전통적으로 전해 내려온 깃발을 게양하는 관습의 한 과정으로 여성을 때렸다고 주장한다. 하지만 그 주장은 축제 주최자들이 여성 구타를 정당화하는 데 전혀 도움이 되지 않았다. 하지만 그들이 여성 구타를 타당한 주장이라고 여겼다는 사실 자체가 많은 것을 시사한다. 동시에 그들은 이 축제를 외부에 알려서는 안 된다고 늘 강조했다. 섬 바깥의 넓은 세상은 어차피 이들을 이해하지 못한다면서 말이다.[29] 다행히 후자에 관한 한 그들이 옳았다.

디지털에 적대적이거나 폐쇄적이지는 않지만, 전통에 집착하는 또 다른 캠페인이 현재 유튜브와 TV 다큐멘터리 등을 통해 미디어의 주목을 받고 있다. 이 캠페인의 이름은 '트래드와이프Tradwife'로, '트래디셔널 와이프Traditional Wife'의 약어다. 단어 그대로 '전통적인 아내'라는 뜻이다. 이 캠페인은 미국에서 시작되어 점차 유럽으로도 확산되는 추세다.

트래드와이프의 기원이 미국이라는 사실은 놀랍지도 않다. 미국에는 진보적이고 계몽된 동부 및 서부 해안 지역만 있는 것이 아니라 그 사이 다양한 여러 지역도 있다. 그중에서도 '바이블 벨트^{Bible Belt}'는 복음주의 개신교 성향이 특히 강한 지역이다. 바이블 벨트는 미국 중남부에서 동남부까지 여러 주에 걸쳐 있다. 서부의 텍사스에서 캔자스까지, 동부의 플로리다와 버지니아까지 걸쳐진 이 지역들의 공통점은 극도로 보수적이라는 점이다. 이런 성향은 정치뿐 아니라 일상생활에도 뿌리 깊이 자리 잡았다.

'보수적'이라는 말은 글자 그대로 '보존'을 의미한다. 정확히 무엇을 보존하는지를 살펴보면 더욱 흥미로워진다. 트래드와이프의 경우에는 그것이 매우 명확하다. 그들이 보존하는 것은 1950년대 어머니와 주부 스타일의 전통적인 여성 역할이다. 그냥 1950년대 주부가 아니라 새하얗게 칠해진 교외 주택에 사는 백인 주부다. 단정하게 파마를 한 여성이 갓 구운 체리 파이처럼 아름답게 포즈를 취하며 자신을 자랑스럽게 드러낸다. 클리세라고 할 만큼 진부하다. 그 시절에는 인종 차별과 계급 차별 때문에 이런 삶을 살 수 있는 사람이 제한되어 있었다. 게다가 이런 이미지는 그간 수십 년 사이 백인 중산층 여성의 역할이 크게 변했다는 사실을 완전히 무시한다.

하나의 예를 보자. 제2차 세계 대전 중에는 공장 노동자들이 군인으로 전쟁에 나갔다. 그렇더라도 특히 무기 생산은 중단되어서는 안 되므로 그동안 남성의 역할로만 여겨졌던 직업을 여성들이 맡게 되었고 역할도 옮겨 갔다. 그래서 종전 후 1950년대에 이 분야에서 엄청난 반발이 일었다. 참전 용사들이 귀환했을 때 미국 국민은 안도했지만, 전쟁 동안 독립적으로 살았던 많은 여성이 새롭게 얻은 자유를 잃어야 하는 현실에 직면해 절망하기도 했다. 여성들은 부엌으로 돌아가기를 원하지 않았고, 사회는 여성을 부엌으로 돌려보내고자 했다. 실제로 당시 "부엌으로 돌아가라!"는 구호가 유행하기도 했다.

사회학자 베티 프리던^{Betty Friedan}은 세계적인 베스트셀러 『여성의 신비』에서 미국 주부들의 절망과 평등의 퇴보를 잘 묘사했다. 예를 들어 1950년대에는 여성의 결혼 연령이 20세에서 17세로 낮아졌다.[30] 미국의 출산율은 당시에도 이미 비교적 높았던 인도의 출산율을 갑자기 앞질렀다. 모든 젊은 여성의 최우선 목표는 결혼과 모성이어야 한다는 새로운 이상이 등장했다. 세탁기와 식기세척기 같은 새로운 가전제품 덕분에 육아 외에도 자신의 외모와 교양을 가꿀 시간이 충분해졌다. 여성들의 목표는 최대한 여성스럽고 날씬한 몸매에 탐스러운 금발을 유지하며 순종적이고 사랑스러운 성격을 만드는 것이었다.[31]

사회와 언론이 이런 이상을 극찬했지만, 불과 몇 년 뒤 완벽하게 새하얀 교외 주택 울타리뿐 아니라 주부들의 정신에도 균열이 생기기 시작했다. 울타리와 달리 주부들의 정신은 페인트 한 통으로 덧칠할 수 없었다. 의사와 심리치료사들의 기록에서 알 수 있듯이 형언할 수 없는 불행과 탈진 상태로 진료실을 찾는 여성들이 점점 증가했다. 남편, 자녀 또는 환자 본인의 신체적인 문제가 발견되지 않으면 더 손쓸 방법도 없었다. 그러나 수완 좋은 남성들은 프리던이 명명한 '이름을 붙일 수 없는 문제'의 해결책을 재빨리 생각해 냈다.

문제는 교육이었다! 완벽한 주부는 칵테일 파티에서 남편의 직장 동료들과 자연스럽게 환담을 나눠야 했으므로 어느 정도의 일반 상식을 갖춰야 했다. 그래서 여성들에게도 교육의 기회를 허락했었다. 하지만 바로 그 교육이 이제 문제가 된 것이다. 점점 더 많은 여성이 배운 지식을 적합한 곳에 거의, 심지어 전혀 활용할 수 없다는 현실을 차츰 깨닫기 시작했고, 그로 인해 공허함, 성취감 부족, 불행 등에 빠져들었기 때문이다.

오늘날에는 이런 감정의 상당 부분을 우울증으로 분류할 수 있을 것이다. 하지만 당시에는 환자 개인의 잘못으로 치부되기 일쑤였다. 그럼에도 교육받은 여성들은 실제로 아이에게 동요를 불러주고, 남편을 위해 케이크를 굽는 것만으로는 행복해질 수 없다는 사실을 과감히 인정했다. 그들은 생각이 너무 많았다. 선무당 같은 진단이긴 하지만, 이것도 생각 과잉이다!

교육을 덜 받은 사람은 깊이 생각할 필요가 없었다. 그러므로 그들의 명백한 해결책은 교육을 덜 받는 것이었다. 세상에 관해 아는 것이 적으면 너무 많이 생각할 일도 없고, 애초에 그러려고 노력할 엄두도 내지 않는다. 형편없는 농담처럼 들리는 이 주장은 놀랍게도 아주 진지한 의도에서 나온 해결책이었고, 이를 지지하는 여성들도 많았다.

1950년대 중반에는 여성의 60퍼센트가 100년 전 동료들이 투쟁하여 쟁취한 대학 교육을 포기하고 결혼했다. 대학은 배움의 장소보다는 결혼 시장에 가까웠다. 심지어 여성의 4년제 대학 입학을 전면 금지해야 한다는 제안과 여성의 교육 내용을 가정과 가족 중심으로 바꾸자는 제안도 있었다.[32]

하지만 교육을 제한함으로써 생각 과잉이라는 '질병'을 치료하려는 전략은 효과가 없었다. 오히려 정신 건강 문제의 증가뿐만 아니라 사회의 용인 속에서 알코올 의존 문제도 나날이 심각해졌다. 교외 주택의 새하얀 겉모습 뒤에 감춰졌을 뿐 여성이 느끼는 좌절감은 극심했다. 무엇보다도 60년대의 문화 혁명이 바로 그 좌절감을 증명했다. 문화 혁명은 어머니처럼 살기를 거부하는 딸들에 의해 시작되었다.

베티 프리던의 분석을 통해 우리는 1950년대 주부들이 전혀 행복하지 않았다는 사실을 알게 되었다. 그런데도 현대의 트래드와이프들은 바로 그 시대의 주부를 롤모델로 삼았다. 거기서 끝이 아니다. 더 심각한 문제가 있다. 트래드와이프 캠페인이 마치 마리 앙투아네트가 가짜 농촌 마을을 거닐었던 것처럼 그저 시늉에 불과했다면 전혀 해롭지 않은 현실 도피 정도로 간단히 넘겼을 것이다. 하지만 이 캠페인은 완전히 다른 차원의 연출이고, 그 배경에는 당연히 금전적 매혹도 깔려 있다.

전직 모델이자 트래드와이프 스타인 나라 스미스^{Nara Smith}의 수많은 영상은 다음과 같은 문장으로 시작된다.

> 오늘 아침에 아이가 콘플레이크를 먹고 싶다고 했는데 집에 없는 거예요. 그래서 제가 재빨리 직접 만들었답니다.

짙은 화장에 개미허리를 가진 이 여인이 만들어 내는 영상은 보통 몇 시간짜리다. 그동안 카메라 뒤에서 아이가 굶어 죽는 것은 아닐까 걱정스러울 정도다. 게다가 이런 영상은 실제 생활과 아무런 관련이 없다. 물론 이 모든 것이 연출된 쇼의 일부로, 시청자를 즐겁게 하고 클릭을 유도하기 위한 것이다. 누군가는 당연히 모두가 이 사실을 안다고 주장하고 싶겠지만, 댓글을 보면 그렇지 않은 것 같다. 댓글에는 나라의 멋진 삶에 대한 찬사와 감탄이 끊이지 않고, 적지 않은 여성 팔로워들이 그녀처럼 완벽해지고 싶다는 간절한 바람을 드러낸다.

독일의 전직 발레리나 한나 닐먼^{Hannah Neeleman}의 팬덤도 상황은 비슷하다. 닐먼은 코티지코어와 트래드와이프 미학을 아주 잘 결합한 인플루언서다. 그림 같은 전원생활을 꿈꾸던 그녀는 현재 작은 농장에서 점점 늘어나는 자녀들과 소박하고 목가적인 삶을 살고 있다. 정말 인상적이다. 눈썰미가 좋은 몇몇 시청자들은 그녀의 부엌에 있는 '소박한' 오븐이 3만 달러고, '작은' 농장이 사실은 대규모 농장에 가깝다는 것을 쉽게 눈치챘을 것이다. 이 가족은 무슨 돈으로 이 모든 것을 누릴 수 있는 걸까? 공교롭게도 한나의 시아버지는 여러 항공사의 창립자다. 그녀가 돈을 신경 쓰지 않아도 되는 것은 어쩌면 당연하다.

한나는 지속가능성에 관한 온갖 사회적 논의가 진행되고 있음에도 탄소 발자국 역시 신경 쓰지 않는다. 영상 속 그녀의 일상에서 쏟아지는 탄소의 양을 생각하면 의미심장한 부분이다. 이렇듯 어렵고 복잡한 문제는 신경 쓰지 않아도 되는 SNS 스타가 빵을 굽는 데 시간과 에너지를 끊임없이 투자하는 것도 전혀 이상하지 않다. 촬영이 없는 날에는 육아와 가사를 위해 여러 도우미 인력을 쓸 것이라는 사실 역시 예상할 수 있다.[33]

현재 미디어의 과장된 현실 왜곡 기능에 대해 '#for_more_reality_on_instagram'이라는 해시태그로 반대 의사를 표현하는 사용자들이 점점 많아지고 있다. 그렇다고 해도 역시 소셜 미디어는 이런 아름다운 이미지를 홍보하기에 아주 좋은 곳이다. 매일 전 세계에 게시되는 수많은 목가적 이미지들을 보고 있자면 이 모든 행복한 가족, 아름다운 집, 훌륭한 상차림에 과연 진실이란 것이 담겨 있을지 하는 의문이 든다.

여기서 다시 생각 과잉의 이중 함정에 빠진다. 한편 소셜 미디어 속 완벽한 삶이라는 화려한 이미지가 숱한 자기 회의를 불러일으킨다. "내가 저렇게 살지 못하는 것은 내 잘못이 아닐까?" 하는 생각이 저절로 든다. 또 다른 한편으로 인플루언서들은 그런 부정적인 회의감에서 벗어나는 데 성공한 듯 보인다. 그들은 자기 자신과 하나가 되고, 지금 여기에 온전히 몰입하고, 아이들의 웃음과 수공예로 가득 찬 삶을 산다. 적어도 그렇게 보인다.

우리 솔직해지자. 내 삶에 이렇게나 평온한 행복이 가득한데, 누가 세상이나 이웃의 문제를 생각하고 직장에서의 짜증 나는 회의에 대해 계속 고민하겠는가? 특히 후자의 경우는 상당히 솔깃하다. 아마 모두가 짜증스러운 직장으로부터 벗어나고 싶을 것이다. 그러니 따라 할 기회가 생기고, 무엇보다도 재정적 여유가 된다면 주저 없이 따라 하시라!

하지만 이 멋진 허울의 뒷면, 특히 장면을 연출하는 거대한 SNS 너머의 현실은 위태롭고 전혀 편안하지 않다. 대다수는 이 사실을 금세 알아차릴 것이다. 콘텐츠 제작은 종종 24시간 내내 이루어지고, 아이들은 태어난 그 순간부터 카메라에 갇힌다. 아이들을 비롯한 나머지 가족 역시 착취당한다. 그뿐만 아니라 다음 알고리즘 업데이트에 밀려나 투명 인간이 될지도 모른다는 두려움이 늘 따라다닌다. 이것들을 감수해야만 한다.

이런 삶은 스트레스 없이 충만한 마음 챙김 속에서 걱정 없는 미래를 보장해 주지 않는다. 요가와 마음 챙김 콘텐츠를 아무리 많이 저장하더라도 안 된다. 전통적인 임금 노동을 하지 않고 스스로 돈을 벌지 않으며, 벌더라도 남편보다 더 많이 벌지 않는 것을 핵심 이념으로 삼는 트래드와이프의 경우, 사업 모델은 특히 괴상해진다. 그들은 팔로워들에게 외벌이와 여성의 종속만이 유일한 행복 모델이라고 말하지만, 정작 자신들은 전혀 다른 삶을 살고 있다. 이런 '가짜 삶'은 나와 내 안에 있는 고민의 달인 림비 씨 모두의 눈살을 찌푸리게 한다. 여기서는 예쁜 포장에 적힌 것과 전혀 다른 내용물이 판매된다.

생각 과잉은 예쁜 접시로
해결할 수 없다

성평등 주제에 완전히 무관심한 사람이 아니라면 트래드와
이프 콘텐츠를 상당히 비판적으로 볼 테고, 응당 그래야 마땅
하다. 하지만 이는 제작자보다는 소비자에게 해당하는 얘기다.
부유해진 인플루언서들이 행복한지, 그들의 가족 관계가 실제
로 어떠한지 등은 그저 추측만 할 수 있을 뿐이고, 사실 중요한
문제도 아니다. 그런 콘텐츠가 자발적이든 비자발적이든 피드
에 표시되는 사람들에게 어떤 영향을 미치느냐가 더 중요하다.

이런 콘텐츠를 비판하는 사람들 중에는 당연히 자기 욕구
를 저버린 채 위태롭게 살아가는 주부와 헌신적 어머니의 이상
화에 치를 떠는 페미니스트들이 있다. 물론 "모든 여성이 임금

노동과 살림을 동등하게 열심히 하는 삶만이 충만한 삶"이라고 말하는 것이 진보적이라는 뜻은 아니다. 육아와 살림에서만 행복을 찾는다고 해서 보수주의자가 아닌 것처럼 말이다.

중요한 것은 선택의 자유다. 이렇게 가정해 보자. 빈곤, 전망 없음, 피임 및 출산에 대한 자기 결정권 부재, 사회적 또는 종교적 제약 등 삶의 환경이 이미 확정된 상태가 아니다. 그래서 우리는 특정 모델과 여러 변형이 조합된 모델을 능동적으로 선택할 수 있고, 이럴 때만 진정으로 자발적인 결정을 할 수 있다. 이는 모든 삶의 모델에 수반되는 종속성의 문제다. 중요한 것은 실제 결정의 주체가 남자든 여자든 상관없이 모든 결정은 남성의 결정처럼 자발적이고 독립적이어야 한다는 것이다.

20세기의 위대한 여성 철학자 시몬 드 보부아르^{Simone de Beauvoir}도 이를 옹호했다. 그녀는 남성의 가족 부양 책임과 여성의 가정 살림이라는 고전적인 역할 구분을 받아들일 수 없었다. 이와 관련하여 그녀의 대표작 『제2의 성』에서 가장 유명한 구절을 꼽자면 이 구절이 아닐까.

여성은 태어나는 것이 아니라 만들어지는 것이다.[34]

이 구절에서 보부아르는 생물학적 여성이 아니라 여성의 삶, 특히 주부의 이미지는 자연적으로 주어진 것이 아닌 사회적으로 만들어진 것임을 강조한다. 보부아르의 모든 사상이 그렇듯 이런 맥락에서 그녀가 가사 노동을 '하찮은 일'로 언급하는 이유는 무엇보다도 사회문화적 배경과 관련이 되어 있다.[35]

이 여성 철학자가 고전적인 사회적 이념에 굴복한 여성들에게 호의적이지 않았을 뿐만 아니라 개별 사례에서는 부당한 판단을 내리기도 했다는 점은 아마도 사실이다. 그러나 프랑스 지방 도시에서 가톨릭 신자와 가정주부가 되기를 거부하고자 했던 보부아르 자신의 험난한 인생을 고려하면 그런 반응은 충분히 이해할 만하다.

오늘날 여성 인권 운동가들은 주로 구조적 차별과 사회적 담론에 초점을 맞춘다. '성별 임금 격차'든 '성별 양육 격차'든 이런 차별 때문에 독일처럼 부유한 산업 국가에서조차 여성이 남성보다 사회적 약자로 전락할 위험이 훨씬 크다.[36] 어머니는 가족을 위해 오직 헌신해야만 한다는 생각이 여전히 사회 전반에 깊게 뿌리박혀 여성을 가난하게 만든다.[37] 이런 것들은 개개인의 잘못이 아니고, 이것을 막기 위해 개인이 할 수 있는 일도 많지 않다. 이런 상황에서 트래드와이프는 여성의 사회적 지위에 해로운 이상을 부여하고 공고히 하려 애쓴다.

트래드와이프의 슬로건은 본질적으로 여성 혐오에 해당함에도 간단한 설명과 명확한 행동 규칙이 제시되기 때문에 효과가 상당히 높다. 아주 쉽게 행복해질 수 있는데 왜 굳이 힘들게 임금 노동과 살림을 병행해야 할까? 아주 쉽게 행복을 얻을 수 있는데 왜 군이 남편과 공평한 가사 노동 분배를 두고 싸워야 할까? 이런저런 문제들로 골치 아파하지 말고 옛날부터 익히 잘 아는 질서대로 자연스럽게 흐르게 내버려두면 된다. 어떤가. 정신적 부담과 생각 과잉의 해결책이 갑자기 눈앞에 나타난 것 같지 않은가?

하지만 이는 문제의 일부분일 뿐이다. 《뉴욕 타임스》의 트래드와이프 관련 기사에서 저널리스트 제시카 그로즈Jessica Grose는 저녁에 트래드와이프 틱톡 영상을 본다고 해서 갑자기 여성들이 시골로 대량 이탈하여 자녀를 많이 낳고 홈스쿨링을 할 가능성은 현저히 낮다고 지적했다. 젊은 여성들의 기본적인 평등 신념과 독립을 향한 열망은 아주 강하기 때문이다.[38] 이 점에서는 아마도 그들이 옳을 것이다. 나는 진심으로 그러길 바란다. 하지만 그렇다고 문제가 해결된 것은 아니다. 오히려 정반대다. 트래드와이프 캠페인은 또 다른 그룹을 겨냥한다.

바로 젊은 남성들이다. 트래드와이프 캠페인의 상당 부분이 여성을 대상으로 하는 것처럼 보이기 때문에 이 사실은 놀라울지도 모른다. 저널리스트 아만다 마코트Amanda Marcotte는 트래드와이프 캠페인의 대상은 여성이 아니며, 이 캠페인에는 상당한 도구화와 급진화의 위험이 숨겨져 있다고 강조한다. 마코트는 수많은 사례를 통해 트래드와이프를 비판하는 페미니스트가 존재하는 건 사실이지만, 이것을 문화 전쟁으로 격화시키는 것은 주로 극우 보수 팟캐스터와 유튜버라는 점을 입증했다.

하나의 예로 구독자가 수백만 명에 달하는 미국 보수주의 인플루언서 브렛 쿠퍼^{Brett Cooper}는 자신의 채널에서 "전통적인 주부들이 페미니스트들의 발작 버튼을 누른다"[39]고 주장하며, 마치 트래드와이프에 맞서 하루 종일 맹렬한 전투가 벌어지는 거대한 페미니즘 전선이 있는 것처럼 행동한다.

이렇게 의도된 전쟁 프레임의 이면에는 '보수적 세계관이 위험에 처했으므로 정직한 사람들이 온 힘을 다해 이를 수호해야 한다'는 메시지가 숨어 있다. 비자발적으로 성관계나 연애에서 소외된 이성애자 남성, 비자발적으로 독신주의자가 된 '인셀^{Incel}'이 이런 수사학에 강하게 사로잡힌다. 남편에게 순종하는 주부 이미지는 그들에게 매우 매력적으로 다가온다.[40] 현실에서 이런 여성을 만나는 일이 거의 불가능하다는 사실은 그들이 아직 행복한 커플이 되지 못한 이유로 삼기에 완벽한 변명이다. 그들의 주장은 이렇다. "내 잘못이 아니다. 현대 여성들은 페미니즘 때문에 타락했고 쓸모가 없어졌다."

강한 남성과 약한 여성이라는 석기 시대적 사고방식으로 회귀하고자 하는 '알파 메일^{Alpha Male}' 이념을 추종하는 사람들이 이런 주장과 태도를 지지한다. 노골적인 여성 혐오 발언으로 유명세를 얻었으며 현재는 여러 국가에서 강간 및 폭행 혐의로 고소당해 소송이 진행 중인[41] 유해한 남성성의 대명사 앤드류 테이트^Andrew Tate 같은 부류 말이다. 이런 사람들이 전면에 노골적으로 드러내는 메시지가 트래드와이프 캠페인에서는 훨씬 더 미묘하게 암시된다.

여기에 종종 종교적 함의가 더해지기도 한다. 예를 들어 한나 닐먼의 '발레리나 팜^Ballerina Farm' 영상은 유심히 봐야지만 이 채널이 유타 출신 모르몬교 여성의 채널이라는 것을 알 수 있다. 이런 영상은 살짝 보수적인 부분이 있다 뿐이지 그저 평범한 콘텐츠에 불과할지도 모른다. 하지만 글쎄, 탈퇴자들이 하나같이 위험한 사이비 종교라 부르는 특정 종교 단체를 달콤한 설탕으로 코팅하는 광고일 가능성이 더 크다.[42]

모르몬교의 광신도뿐 아니라 정치적 극단주의자들도 트래드와이프의 이상에서 호감을 느낀다. 미국의 '대안 우파(Alt-Right)'든 유럽의 다른 극단주의자든 상관없다. 자칭 '신(新) 파시스트'인 이탈리아 총리 조르자 멜로니^Giorgia Meloni는 선거 운동 때마다 마이크에 대고 자신의 여성성, 특히 모성애를 상징적 캐치프레이즈로 외친다.

나는 조르자고, 딸이고, 어머니고, 이탈리아인이며, 기독교인입니다. 아무도 내게서 이 정체성을 빼앗아 갈 수 없습니다.[43]

이 구호를 듣고, 멜로니가 가족 친화적 정책을 펼치고 평등권을 강조하리라 생각했다면 크나큰 착각이다. 흔히 그렇듯이 이런 노골적인 자기주장은 대개 타인, 특히 멜로니의 경우에는 퀴어와 트랜스젠더로부터 거리를 두려는 전략이다. 그녀의 캐치프레이즈 뒷부분인 "아무도 내게서 이 정체성을 빼앗아 갈 수 없습니다" 역시 이들을 겨냥한 것이다.

이는 흔히 사용되는 교활한 주장이다. 나와 다른 삶의 방식이 있다는 것을 인정한다고 해서 나의 무언가가 빼앗기는 것은 아닌데도 말이다. 멜로니와 그녀의 측근들은 믿고 싶지 않겠지만 사실이 그렇다. 멜로니는 연설에서 여성들이 더 많은 보호를 받아야 한다고 자주 언급한다. 하지만 이는 차별과 가정폭력으로부터의 보호가 아니다. '희한할 정도로' 자주 발생하는 불법 이민자 성범죄로부터의 보호임이 틀림없다.[44]

멜로니의 이런 발언은 독일의 보수주의 정당인 독일을 위한 대안(AfD)의 당 대표 알리스 바이델^{Alice Elisabeth Weidel}의 입에서 나왔다고 믿어도 될 만한 프레임이다. 멜로니는 직업상 집에서 시간을 보내는 경우가 거의 없고, 바이델은 스리랑카 여성과 동성연애 중이다. 이처럼 새로운 우파의 세계적인 지도자들의 실제 모습과 이상적인 주부이자 어머니로 선전된 이미지 사이의 괴리가 그들의 지지자에게는 아무런 인지 부조화도 일으키지 않는 모양이다.

현실 도피와 도피주의에 대해 이제 다시 한 번 생각해 보자. 현실에서 도피함으로써 생각 과잉에서 벗어났는가? 딥 씽킹에 어느 정도 가까워졌는가?

전혀 그렇지 않을 것이다. 아무리 미디어의 속성에 대해 잘 알고, 선전 및 선동으로 포장된 현실과 제품 광고를 구별할 만큼 충분히 비판적이라고 해도 생각 과잉 기계는 유쾌하고 깔끔한 콘텐츠에서 자동으로 전원 버튼이 눌린다. '왜 나의 모든 것은 저렇게 깔끔하고 아름답고 완벽하고 조화롭지 않을까? 왜 나는 이 모든 것을 이룰 수 없을까? 영상 속 사람들은 아주 쉽게 모든 것을 이룬 듯 보이는데?'라는 생각이 우리를 괴롭힌다. 그리고 그런 영상 이면에 숨겨진 이야기 역시 너무나 아름답고 간단하게 들린다.

생각 과잉에서 벗어나기 위해 시작한 것이 결국은 자책과 최적화된 강박이라는 그물망으로 더 깊이 빠져들게 한다. 그뿐만 아니라 독립적이고 자율적인 사고를 막고, 겉보기와 달리 매우 해로운 서사를 이용해 우리의 사고에 침투한다.

이런 현실 도피가 생각 과잉에 전혀 효과 없다는 사실은 연금 통지서를 받을 때쯤 닥쳐온다. 코티지코어나 트래드와이프조차도 이를 피할 수 없다. 물론 이들은 수많은 사례 중 두 가지에 불과하다. 도피에는 수많은 형태가 있고, 모든 형태가 항상 극단적인 것은 아니다. 긴장을 풀고, 횔덜린의 시를 읽고,

수제 케이크를 먹고, 빗소리를 듣는 정도의 도피는 당연히 도움이 될 수 있다. 프리드리히의 그림 포스터를 벽에 붙이거나 말린 꽃 몇 송이를 나무 액자에 넣어 걸어두는 것도 최악의 아이디어는 아니다. 하지만 그런 일을 하는 데 굳이 유튜브를 찾아볼 필요도 없다.

물론 SNS에서 휴식 시간을 공유하는 것 자체가 즐거울 수도 있다. 그리고 이 취미로 돈을 벌 수 있다면 벌어도 된다. 비난받을 일은 아니다. 하지만 앞선 사례에서 보았듯이 이런 행위는 생각 과잉의 근본적인 해결책이 될 수 없다. 넘쳐 나는 생각을 '아름다운 외관'이라는 페인트로 하얗게 덧칠하는 것일 뿐이고, 이 칠은 금세 벗겨져 부서지기 때문이다.

소용없다. 직접 만든 빵으로 정성스러운 최고의 도시락을 싸더라도 생각 과잉에서 벗어날 수 없다. 이는 우리를 딥 씽킹으로 더 가까이 데려가기는커녕 점점 더 멀어지게 한다. 그렇다면 이제 무엇을 해야 할까? 불편한 대답뿐이다. 좋든 나쁘든 생각을 회피하지 않고 받아들여야 한다.

THINK DEEP

3부

관계를 다루는
생각

생각 과잉 시대에
누군가를 사랑한다는 것

정신적으로 혼자 물러나 쉴 수 있는 장소는 저마다 다르다. 나 같은 경우에는 소파 구석에 앉아 털 담요를 덮고 뜨개질을 한다. 이때 내 옆에는 나의 닥스훈트가 앉아 있다. 이렇게 하면 적어도 잠깐은 생각 과잉을 차단할 수 있어서 견딜 만하다. 하지만 언젠가는 소파에서 내려와 다시 세상으로 나가야 하고 다른 사람들도 마주해야 한다.

대인기피증처럼 들리는가? 그럴지도 모른다. 하지만 솔직히 말해서 교실이든 정원 울타리든 그 어디서든 다른 사람들과 잘 지내는 것이 쉬운 일은 아니다. 횔덜린 외 몇몇 사람의 사례에서 보았듯이 도피는 거의 효과가 없고, 모든 사람과 멀리 떨어져 살려면 은둔 성향이 매우 강해야 한다. 내성적인 성격 자체를 비판하려는 것이 아니다. 하지만 잘 살아가기 위해 다른 사람과 교류해야 한다는 것은 이미 과학으로 입증됐다.

이 주제에서 자주 인용되는 두 가지 연구가 있었다. 하버드대학교에서 진행한 '글루크 연구The Glueck Study'와 '그랜트 연구The Grant Study'다. 이 두 연구는 인간관계와 삶의 질 사이 관계에 대해 우리가 이미 잘 알고 있던 사실을 입증했다. 직장, 사회적 지위, 스포츠, 재산 축적 등 우리는 인생의 특정 분야에서 엄청난 성공을 거둘 수 있다. 하지만 생의 끝에서 삶을 회상할 때, 만족하느냐 후회하느냐는 이런 성공과 반드시 큰 관련이 있는 것은 아니다.[1] 결정적인 요인은 다른 사람들과의 관계다. 그리고 두 연구팀이 밝혔듯이 여기서 중요한 것은 양보다 질이다. 가족이나 친구가 많지 않아도 된다. 몇몇 의미 있는 관계만으로도 충분하다.

또 다른 연구 결과는 인간관계의 심리적 측면 그 이상을 보여 준다. 50세 무렵 소중한 사회적 관계를 맺은 사람들은 그런 관계가 없는 동년배들보다 80세에 더 건강했다. 즉, 우정을 유지하는 일은 여러 면에서 보람 있고 진정한 자기 관리다. 그러나 이 결과를 부정적으로 해석하면, 외로움은 장기적으로 우리를 병들게 할 수 있다는 의미이기도 하다.

또한, 이 모든 것은 재정적 안정과도 관계가 있다. 만족스러운 사회생활을 했던 실험 참가자들은 더 많은 돈을 벌었다. 그리고 재정 기반이 탄탄할수록 더욱 건강하다는 사실도 입증되었다.[2] 하지만 이 모든 것이 행복으로 가는 지름길은 아니다. 건강에 도움이 되는 것은 사회적 환경과 재정 자원의 조합이다. 돈만으로는 행복할 수 없다. 진부하게 들리겠지만 사실이다. 기본적인 재정적 안정은 필요하고 중요하지만, 막대한 부를 축적한다고 해서 장기적으로 개인의 행복 지수가 높아지는 것은 아니다. 연구에 따르면 오히려 그 돈을 어떻게 사용하는지가 더 중요했다. 놀랍게도 다른 사람의 필요와 어려움에 더 관심을 가질수록 나 자신도 더욱 행복해졌다.[3]

여기까지는 납득되는 이야기다. 하지만 인간관계는 기쁨의 원천인 동시에 종종 가장 쓸데없는 고민의 원인이 되기도 한다. 특히 연인 관계에서 이런 현상이 두드러진다. 생각 과잉의 덫이 이보다 더 많이 깔린 곳은 없다! 클릭 한 번이면 벌써 생각 과잉 거품이 점점 부풀어 오른다. "너는 나의 전부야. 나는 너를 잃고 싶지 않아. 그래서 앞으로 나는 이렇게 할 거야"와 같은 글귀가 달린 수많은 인스타그램 게시물이 생각 과잉의 거품을 채운다.

이 글귀에 숨은 가설은 이렇다. 끊임없이 돌아가는 생각의 쳇바퀴에 갇힌 사람은 아무리 좋은 관계를 맺더라도 결국 생각이 너무 많은 탓에 모든 사랑을 잃게 된다. 생각의 무한 루프에 갇힌 사람의 애인은 언젠가 상대방의 끊임없는 고민에 지쳐 결국 포기하게 되기 때문이다.

특히 21세기의 생각 과잉은 진정한 사랑을 향한 열망이 투영되었다는 측면에서 중세의 연애시 '미네장Minnesang'과도 크게 다르지 않다. 하지만 미네장의 특징은 상대를 통제하고자 하는 생각 과잉이 아닌 절박한 갈망, 그리고 무엇보다도 갈망의 대상에 도달하지 못하는 안타까움이었다. 이 장르의 시인들은 마음에 품은 여인과 결혼하기 위해 연애편지를 쓴 것이 아니다. 애초에 그들이 사랑한 대상은 대개 이미 결혼한 상태였다. 만약 구애를 받은 여인이 "좋아요, 우리 함께 도망쳐요!"라고 대답한다면, 그들은 오히려 충격을 받고 기절할 것이다.

요한 볼프강 폰 괴테Johann Wolfgang von Goethe의 소설 속 '베르테르'는 더 심각한 처지였다. 그는 응답받지 못한 짝사랑과 오로지 '로테'를 중심으로 맴도는 생각 때문에 붕괴되었고, 스스로 목숨까지 끊었다. 그리고 수많은 독자도 그와 함께 생을 마감했다. 결국, 이 일로 『젊은 베르테르의 슬픔』은 청소년 유해도서로 분류되어 한동안 출판이 금지되기도 했다.[4]

사랑을 잃은 슬픔이 병으로도 번질 수 있다는 것은 이제 임상으로 입증되었고, 2024년부터 국제 질병 분류(ICD)는 실연을 병으로 분류한다. 실연으로 정신적 변화가 생기면 처음에는 급성 적응 장애로 정의되지만, 심하면 외상 후 스트레스 장애

(PTSD)로 발전할 수도 있다.[5]

베를린 샤리테 병원의 헨리크 발터^{Henrik Walter}를 비롯한 여러 과학자는 장기간 지속하는 실연에서 금단 증후군의 징후를 발견한다. 사랑하는 사람을 회상하는 일은 일종의 보상 체계적 성격을 띤다. 회상을 통해 아픈 마음이 더욱 커지고, 그 마음이 간헐적 강화로 이어져 아픔은 계속 유지된다.[6] 이를테면 잃어버린 사랑을 곱씹는 일도 마음 아픈 일이지만, 상실을 최종적으로 받아들이는 것보다는 낫다. 사랑에 대한 병적인 생각 과잉은 길고 고통스러운 전통이 있을 뿐 아니라 때로는 심각한 의학적 결과를 초래한다.

하지만 다행히 모든 실연이 항상 큰 상처로 끝나는 것은 아니다. 약간의 낭만적인 생각 과잉 같은 경우에는 즐거움을 줄 수도 있다. 학창 시절 나와 친구들은 쉬는 시간에 운동장을 배회하며, 우리 모두가 너무나 흠모했던 잘생긴 남자 선배를 혹시나 볼 수 있지 않을까 싶은 마음으로 사방을 두리번거리는 것이 취미였다. 그 선배는 우리의 존재를 알고 있을까? 그 선배의 이름은 무엇일까? 가장 좋아하는 음악은 무엇일까? 우리는 몇 시간씩 통화하면서 오로지 그 선배 얘기만 했다. 그리고 몇 주 후, 우리의 짝사랑 대상은 바뀌었다.

그러다 나이가 들고 조금 더 현명해진 후로는 더 의미 있는 일에 시간을 쓰게 되었다. 물론 몇몇은 그렇지 않았다. 청소년기에는 마냥 달콤하기만 했던 일이 10년, 20년 후에는 생각 과잉 문제로 변해 진정한 사랑을 찾기를 방해한다. 이것은 일반적으로 예상하는 것보다 훨씬 더 방해되는 일이다.

대부분 이렇게 연애를 힘들어하는 경험을 직접 겪거나 친구들에게 들어서 잘 알고 있을 것이다. 이제는 어른이 되었고, 자기 결정권도 있고, 잘 살고 있는데도 연애를 여러 번 실패하고 나면 어쩔 수 없이 자문하게 된다. "나한테 문제가 있나?" 별로 도움이 안 되는 질문이지만 나 같은 여성들이 특히 이런 질문을 하고 자신의 기대치가 너무 높을지도 모른다고 생각한다.

눈이 높다는 것이 정확히 무슨 뜻인지 항상 궁금했다. 파트너를 고르는 것이 세탁 세제를 사는 것과 같다는 말인가? 몇 가지 다른 성분과 포장지를 비교하며 여러 제품 중에서 고르는 것처럼? 얼룩 제거에는 좋지만 색상 유지에는 나쁘고, 섬유에는 순하지만 칙칙해진 옷을 새하얗게 만들지는 못하고, 상쾌함은 오래가지만 목련과 대나무를 섞은 듯한 향은 코를 마비시킬 것만 같고, 그러다 세척력, 섬유 유지력, 향 등 모든 요건을 채우는 세제를 달라고 하면 마트 직원은 "그런 세제는 없습니다"라고 말한다.

그렇다, 우리는 다른 사람에게 '너무' 쉽게 '너무' 많은 것을 기대하곤 한다. 그럼 모든 기대, 희망, 생각을 던져 버린 다음,

처음부터 어느 정도 타협하며 관계를 시작해야 할까? 나도 몇 번 이런 시도를 해 봤는데, 그다지 좋은 방법은 아니었다.

성급하게 "생각 과잉을 멈춰!"라고 하면 분명한 위험 신호를 무시할 위험이 있다는 이야기는 이미 여러 번 했다. 게다가 일방적으로 생각을 멈추는 것은 아무 문제도 해결하지 못하고, 오히려 상심을 포함해 새로운 문제만 더 키운다. 그러니 차라리 한두 가지 정도 더 생각하는 것이 오히려 도움이 될지도 모른다. 여기서 방점은 '한두 가지'에 있다. 부디 성급하게 반대 방향으로 달려가지 마시라. 그 끝에는 과잉 해석이 기다리고 있을 뿐이다.

예를 들어 보자. 잠재적 애인의 사소한 말 한마디는 종종 명확한 신호로 부풀려진다. 심지어 어떤 사람들은 흠모하는 상대에 관한 온갖 정보를 모조리 빨아들인다. 페이스북이나 인스타그램을 수시로 들여다보며 상대방이 뭘 하고 있는지 확인한다. 맞다, 모두 한 번쯤은 해 본 적이 있는 일이다. 하지만 마트 계산대나 직장 휴게실에서의 아주 짧은 순간을 갑자기 '인생이 바뀌는 순간'으로 해석하는 것은 분명 과하다. 그런 과잉 해석이 실은 상대방과 거의 관련 없고, 자신의 과거 연애 경험이나 개인적인 불안감과 더 관련 있다는 사실 역시 심리학 학위가 없더라도 누구나 알아차릴 수 있다.

이런 과대망상은 언뜻 들으면 로맨틱 코미디의 시작 같지만, 순전히 생각 과잉이다. 큰 인기를 끈 넷플릭스 시리즈 「베이비 레인디어」에서는 그런 행동이 극단적 형태, 즉 노골적인 스토킹으로 그려진다. 한 여성이 우연히 바텐더를 만나 평범한 대화를 나눈다. 단숨에 서로에게 빠진 둘의 관계는 더욱 깊어진다. 그러다 소울메이트까지 되었지만 하지만 결국은 경찰의 도움을 받아야 했다.

극적으로 과장된 것처럼 보이는 이 이야기는 놀랍게도 작가이자 주연 배우인 리처드 가드[Richard Gadd]의 실화를 바탕으로 했다. 물론 모든 문제가 그의 경험과 달리 생사가 걸린 문제는 아닐 수도 있다. 그렇다고 해도 집착과 강박으로 사랑이라는 환상의 세계를 구축했다가 허물어뜨리는 데 낭비하는 시간과 에너지의 양을 과소평가해서는 안 된다.

이는 신경 차원에서도 입증된다. 인류학자 헬렌 피셔[Helen Fisher]가 이끄는 학제간 합동 연구팀은 사랑에 빠졌을 때 인체에 일어나는 생화학적 과정, 특히 마음을 거부당했을 때 어떤 일이 일어나는지 조사했다. 이런 사건은 스트레스 호르몬인 코르티솔 수치를 높인다. 코르티솔이 장기간 과도하게 생성되면 면역 체계에 부정적 영향을 미쳐 병에 걸리게 된다.[7]

그러다 보니 우리의 소중한 사람이 이런 생각 과잉에 빠져 있을 때는 자연스럽게 개입하고 싶은 마음이 생긴다. 시달리는 모습을 옆에서 지켜보고 이야기를 듣기만 해도 상당히 고통스럽기 때문이다. 그들은 머릿속으로는 이미 사귀기 시작한 바로 그 상대의 생각, 상황, 관심사에 대해 온갖 추측을 늘어놓는다. 그 복잡한 생각들이 지레짐작에 불과하다고 말해 봤자 이미 반박을 위한 그럴싸한 증거들이 준비되어 있다. 집착과 사랑과 생각의 늪에 빠진 사람은 이렇게 치명적인 망상과 쓰라린 실망으로 점철된 자기만의 세계에 점점 더 단단히 갇힌다.

일부 사업 모델은 이런 상황을 뻔뻔스럽게 악용한다. 이와 관련하여 한때 인기 OTT 시리즈를 통해 언론의 주목을 받은 미국의 사이비 종교 단체인 '트윈 플레임즈 유니버스^{Twin Flames Universe}'가 있다. 이 단체의 교주는 신도들에게 '트윈 플레임(쌍둥이 불꽃)', 즉 완벽한 사랑을 찾아 주겠다고 약속한다. 내부 고발자와 탐사 기자들이 공개한 것처럼 신도들은 '대화 치료'를 통해 정해진 사람과 특정한 관계를 맺거나 심지어 결혼까지 하도록 조종당한다.[8]

시리즈를 보는 내내 어떻게 이런 일이 실제로 가능할 수 있는지 의문이 든다. 하지만 불가능해 보이는 그 일의 기본 원리가 너무 단순해서 더 무섭다. 종교 안에서는 '어떤 고차원적인 우주의 질서'가 상정되고, 이 질서에 제기되는 모든 의문은 거짓으로 치부되어 멸시받기 일쑤다. 교주가 '미러링'이라고 부르는 과정이 특히 교활하다. 이때 모욕에서 구타에 이르기까지 온갖 가혹 행위가 벌어지는데, 이 모든 행위가 신도 개인의 잘못된 처신에 대한 '처벌'로 설명된다.[9] 이는 전형적인 '피해자 비난(Victim blaming)'의 사례다.

생각 과잉에 갇힌 사람일수록 이런 상황에 빠질 위험이 크다. 자기 자신을 끊임없이 비판적으로 바라보는 사람은 그렇지 않은 사람보다 상처를 건드리는 비난에 더 취약하기 때문이다. 이런 사기 행각이 초래하는 심리적, 재정적 피해는 실제로 매우 크고, 심지어 자살로 이어질 수도 있다.[10]

하지만 사랑에 관한 문제라면 이렇게 마음을 조종하는 사이비 교주가 없어도 생각의 무한 루프에 빠질 수 있다. 특히 지나간 사랑을 돌아보거나 단순한 연애 로망이 아닌 이미 깨진 관계를 생각할 때 더욱 그렇다. 그들은 끝난 관계를 끝없이 곱씹으며 자문한다. 헤어지지 않으려면 어떻게 해야 했을까? 관계가 언제부터 잘못되었고, 언제 그것을 알아차려야 했을까?

그렉 버렌트Greg Behrendt의 저서 『그는 당신에게 반하지 않았다』는 2000년대 초 뉴욕 타임스 베스트셀러 중 한 권이다. 영화로도 만들어진 이 책의 간단한 메시지는 당시 최고의 인기를 누렸던 시리즈 「섹스 앤 더 시티」에도 등장했다.

(당신이) 사랑하는 사람이 보낸 모호한 메시지가 무엇을 의미하는지 골똘히 생각하기를 당장 멈추세요. 그 사람이 그것을 큰 소리로 말하거나 적어도 오해의 소지가 없게 행동으로 명

확히 보여줄 것 같지 않다면, 그 사람을 잊고 그냥 가던 길을
가세요.

그렉 버렌트의 책이나 「섹스 앤 더 시티」를 비롯하여 2000년
대 초 유행한 많은 책과 영화 속 연애 조언들이 이제는 시대에
뒤떨어지고 뻔하며 식상한 소리로 들리는 것은 어쩌면 당연하
다. 하지만 그렇다고 해서 우리가 연애하며 겪는 엄청난 생각
지옥의 힘이 약해진 것은 아니다. "그런 멍청이 때문에 시간 낭
비하지 마"라는 식의 위로가 아무리 진심이라고 해도 이미 깊은
고민에 빠진 사람에게는 별 소용 없다는 사실도 변함없다.

그러니 그보다 훨씬 더 효과적인 방법을 활용해 보자. 바로
전제 자체를 의심하는 접근 방식으로, 철학이 즐겨 사용하는
방식 중 하나다. 전제는 추론의 한 부분이다. 보통 두 가지 가
정에서 한 가지 결론이 도출된다. '삼단 논법'이라고도 불리는
이 추론법은 아리스토텔레스에 의해 유명해졌다. 수천 년 동안
이어져 온 삼단 논법은 기본적으로 이해하기도 매우 쉽다. 예
를 들어 보자.

전제 1: 모든 포유류는 죽는다.
전제 2: 모든 긴코너구리는 포유류다.

결론: 모든 긴코너구리는 죽는다.

이 결론에 이의를 제기하는 사람은 없을 것이다. 죽지 않는 긴코너구리는 지금까지 목격된 적이 없을 뿐만 아니라, 서로 관련된 두 전제가 모두 참인데 거기에서 거짓 결론이 나올 수 없기 때문이다. 하지만 약간의 속임수를 쓰면 상황이 달라진다. 예를 들어 긴코너구리가 포유류인지 아닌지 확실치 않다면 어떻게 될까? 모든 긴코너구리가 죽는다고 확신할 수 없을 것이다. 물론 이것은 어디까지나 가정일 뿐이다. 긴코너구리는 포유류가 맞으니 걱정하지 않아도 된다.

낭만주의라는
위험한 독재자

이 정도가 추론의 기본 규칙이다. 하지만 안타깝게도 우리의 삶은 그렇게 단순한 구조로 요약될 수 없고, 긴코너구리의 생물학적 분류보다 훨씬 더 넓은 해석의 여지가 있다. 특히 인간관계는 극도로 복잡해서 누구도 반박할 수 없을 만큼 명확한 해결책을 찾기란 거의 불가능하다. 인간관계에서는 감정 외에도 종종 상당한 자기 발견과 성찰이 요구된다. 결코 나쁜 일이 아니다.

또한, 이미 입증된 것처럼 유대감은 우리의 안녕에 필수다. 따라서 유대감을 위한 인간관계에 정신적 자원을 투자하는 것은 확실히 지속 가능한 전략이다. 하지만 생각 과잉에 빠지는 순간 이런 전략은 통하지 않는다. 특히 우리의 상상과 현실이 충돌할 때면 더욱 그렇다.

낭만적인 사랑만큼이나 많은 기대와 환상에 둘러싸인 것도 없다. 오늘날 우리가 낭만주의라고 이해하는 예술 사조는 사실 아주 최근에 발명된 것이다. 시, 그림, 음악 등 수많은 예술 작품은 수 세기에 걸쳐 그 어떤 형식에도 얽매이지 않았다. 어쨌든 낭만주의의 발명 이후, 사람들이 생각하는 사랑은 낭만주의라는 사조에 많은 영향을 받았다.

영국 작가 알랭 드 보통^{Alain de Botton}은 낭만적인 사랑과 에로스가 역사적으로 늘 연결되어 있었던 것은 아니라고 지적하기도 한다.[11] 이는 문학사에서도 입증된다. 흔히 '낭만주의적 사랑관'이라고 부르는 형식은 근본적으로 우리를 둘러싼 문화가 주입된 결과다. 17세기 프랑스 작가 라 로슈푸코^{La Rochefoucauld}는 이런 현상을 이렇게 표현하기도 했다.

> 사랑에 관한 이야기를 듣지 못했다면 결코 사랑에 빠지지 않았을 사람들도 있다.[12]

이처럼 오늘날 우리도 사랑에 관해서는 비교적 구체적인 이미지를 머릿속에 갖고 있다. 우리가 가진 이미지 대부분은 서양 문화권, 특히 할리우드의 대중문화에서 영감을 받았다. 이

출처가 바로 사랑에 관한 삼단 논법에서 결론을 왜곡하는 의심스러운 전제들을 만들어내는 주범이다. 할리우드발 의심스러운 전제들은 관계 형성 능력에 치명적인 결과를 초래한다, 우리는 이것들에 시급히 의문을 제기해야 한다.

커플 치료사 에릭 헤게만Eric Hegemann의 실제 진료 경험에 따르면, 약 세 명 중 한 명이 영화 같은 사랑을 꿈꾼다. 특히 첫눈에 반하는 사랑은 오늘날에도 여전히 선망의 대상이다. 하지만 장기적인 관계에서는 무엇보다도 중요한 것은 관계의 지속 가능성이다.

> 제 생각에 문제는 (중략) 연애하는 내내 행복한 감정이 유지되어야 한다고 믿는 데 있습니다. 우리는 항상 행복할 수는 없습니다. 그것을 인정하고 견뎌내야 합니다.[13]

사회학자 안드레아 네베를라Andrea Newerla는 저서 『낭만주의 독재의 종말』에서 결혼을 예시로 든다. 그녀는 결혼이라는 관계가 한편으로는 전통적 이상에, 다른 한편으로는 디즈니식 행복에 짓눌려 있다고 설명한다. 결혼은 수 세기 동안 사회 보장, 억압 메커니즘, 왕조의 권력 도구 등 사회 관계적으로 다양한 역할을 해왔다. 약 18세기 후반부터 점점 더 많은 사람이 누구와 결혼할지 비교적 자유롭게 결정할 수 있게 되었고, 당연히 성별과 사회적 지위, 경제적 여건에 크게 좌우되었다. 그러면서 동시에 결혼과 가족의 이상이 변했다. 산업화는 개인 생활과 임금 노동의 분리를 심화시켰고, 그 결과 가족은 더더욱 친밀한 관계가 되었다.

재정적 고려가 사라지면서 정략결혼은 그 위세를 잃었고, '사랑의 결합'이라는 이상이 등장했다.[14] 이런 경향은 문학에서도 드러났다. 계몽주의의 위대한 사상가이자 철학자인 장자크 루소^{Jean-Jacques Rousseau}는 국가의 기반이 되는 '사회 계약'이라는 정치적 개념으로 가장 잘 알려져 있다. 하지만 그는 사랑의 결합을 주제로 하는 소설을 쓰기도 했다. 루소는 자신의 소설 『신엘로이즈』에서 의무감이나 사회적, 경제적 요소가 아니라, 평생 지속되는 유대감을 기반으로 하는 사랑과 애정을 찬양했다. 소설의 주인공은 비록 그런 결혼을 허락받지 못하고 결국 사회적 관습에 비극적으로 순응해야 했지만, 당시 사랑에 관한 루소의 이런 생각은 상당히 참신한 것이었다.[15]

이것 자체로는 나쁜 발전이 아니다. 낭만적 사랑은 결국 더 많은 개인의 자유를 의미했기 때문이다. 하지만 이런 환상은 거기서 멈추지 않았고, 결국 일종의 신격화를 거쳐 생각 과잉이 뿌리내릴 수 있는 완벽한 토양이 되었다. 만약 내가 누구를 사랑할지, 누구와 평생 함께 살아갈지 결정할 수 있다면, 당연히 그 사람은 단 한 명이어야 할 것이다. '완벽한 단 한 명의 짝'

을 향한 집착이 모든 관계를 시험대 위로 올렸다. 우리는 오래
도록 끝없이 관계를 관찰하고 시험하게 되었다. 왜냐하면 언제
든 더 멋지고, 더 아름답고, 더 잘 맞는 누군가가 나타날 수 있
기 때문이다.

다시 전제의 문제로 돌아가 보자. 그렇다면 낭만적인 사랑
이란 그저 만들어진 하나의 환상에 불과하므로 제일 처음 만난
아무하고나 적당히 만족하며 살아야 한다는 뜻일까? 물론 아니
다. 하지만 흔히 사랑에 거는 높은 기대는 실제 현실과 그 속에
있는 여러 인간상과는 거리가 멀다. 로맨스에 대한 내 기대를
충족시켜 줄 사람을 만나는 일은 사실상 불가능하다. 이 사실
을 인정하면 관계에 대한 자신의 사고방식을 철저히 되돌아보
는 데 분명 도움이 될 것이다.

실제 사례를 하나 살펴보자. 독일에서는 평균 결혼 비용이
5000유로에서 2만 유로(한화로 약 700만 원에서 2800만 원) 사이다.
물론 상류층에게는 비용의 제약이 없지만, 그 점을 고려하더라
도 인도나 미국 같은 나라에서 지출하는 비용에는 한참 미치지
못한다. 2만 유로도 결코 적지 않은데, 그보다도 더 많은 비용
을 쓰는 나라가 있다는 뜻이다. 즉, 전 세계적으로 결혼에 상당
히 많은 비용을 투자하는 셈이다.

하지만 이와 더불어 2023년 독일의 이혼율은 35퍼센트였

다. 평생을 함께하기로 약속한 부부 세 쌍 중 약 한 쌍이 이혼으로 끝났다는 의미다.[16] 그렇게 많은 비용을 들이고도 결국 헤어지게 된 것이다. 이런 수치까지 고려할 때, 결혼을 평생의 약속으로 간주하거나 심지어 상당한 비용을 이런 막연한 약속에 무턱대고 투자하게 만드는 전제들은 비판적으로 바라볼 필요가 있다.

심지어 이혼으로 끝나지 않은 나머지 두 쌍 역시 상황이 상당히 복잡하다. 통상적으로 두 사람만의 결합이라고 하더라도 수행해야 할 역할은 점점 더 많아진다. 가장 가까운 친구, 인생 및 직업 코치, 끝없는 열정과 친밀감을 가진 섹스 파트너, 그 외에도 많은 역할이 부부에게 주어진다. 특히 자녀가 생기고, 육아에 대한 책임까지 더해지면 관계는 더욱 복잡해진다. 심지어 이 모든 것은 옛날보다 훨씬 더 장기간에 걸쳐 이루어진다. 평균 수명이 길어진 덕분에 평균 결혼 생활 역시 40년을 쉽게 넘어간다. 수학적으로 생각 과잉이 싹틀 시간도 충분하다.

골똘히 생각하기가 어려운 이유는 그것이 일종의 균형 잡기이기 때문이다. 너무 적게 생각하면 중요한 것을 간과할 수 있다. 이제 막 사랑에 빠진 열광의 단계에서는 모든 부정적인 생각을 털어내는 것이 효과적일 수 있지만, 언젠가는 결국 현실에 세게 부딪히고 만다. 그러면서 우리는 앞서 에릭 헤게만이 언급했던 관계에서 항상 행복해야 한다는 '사랑의 디즈니화'에서 벗어나는 법을 지나치게 가혹하게 배운다.[18] 반대로 처음부터 계속 너무 많이 생각하면, 일어나지도 않은 일을 대비하느라 그 누구에게도 더는 헌신하지 않게 된다. 게다가 모든 것을 의심하느라 수많은 기회마저 박탈당한다. 생각 과잉 때문에 매우 외로워지는 것이다.

이렇게 부정적인 말로 이 주제를 끝내고 싶지 않다. 그래서 덧붙이자면, 결국 중요한 것은 낭만적인 사랑에 대한 자신의 상상을 의심하고 가족으로부터 물려받은 전통 관념에 얼마나 영향을 받았는지도 따져 보는 일이 중요하다. 그러면 어느 정도 해방감도 느낄 수 있다. 이때 주의 깊게 살펴봐야 할 핵심 키워드는 '대리 만족 로맨스'다. 예를 들어 계획된 결혼식은 주로 하객들의 기대를 충족시키는 전형적인 대리 만족 로맨스다. 이 과정에서 대개 신랑, 신부는 목표를 이루지 못한다.

주변의 모든 저항을 물리치고 내면에 충실한 사람만이 외부의 영향에서 벗어나 자신의 진정한 소망을 발견하는 자유를 얻는다. 이 자유는 할리우드의 삼류 신파극이나 로맨틱 발라드, 유행하는 최신 다크 로맨스 소설에 세뇌되어 원한다고 착각하는 것이 아니다. 내가 진정으로 원하는 것을 발견하는 자유다.

무해한 당신이 만드는
생각 지옥

장폴 사르트르^{Jean-Paul Sartre}는 희곡 『닫힌 방』만으로도 인간 혐오 분야 1등 상을 받기에 부족함이 없는 작가다. 하지만 이 희곡은 맥락에서 벗어났을 때만 인간 혐오로 읽힌다. 무슨 의미인지 살펴보자.

『닫힌 방』에서는 죽은 사람 세 명이 만난다. 그들은 돌처럼 이미 죽은 상태라는 사실, 그리고 저마다 인정과 사랑을 갈구한다는 것 말고는 공통점이 거의 없다. 안타깝게도 세 사람 모두 그들의 갈망을 충족시켜 줄 마음이 전혀 없는 상대에게 사랑을 기대한 탓에 깊은 절망에 빠져 있다. 상황이 이렇다 보니 그들의 사랑은 그들에게 아주 개인적인 지옥이 되어 버렸다.

하지만 이 프랑스 실존주의자가 자신의 작품을 통해 이야기하고자 하는 명제는 타인에 대한 근본적인 거부가 아니다. 오히려 그 반대다.

사르트르는 파리 카페에서 주로 시간을 보내며 당대의 예술가, 지식인 들과 인류 공동체를 주제로 이야기를 나누었다. 종종 이 주제에 대한 사르트르의 철학이 매우 급진적으로 느껴지는 이유는 그가 개인의 자유를 강조하기 때문이다. 그의 사상에 따르면 모든 인간은 원하기만 하면 얼마든지 자유로울 수 있고, 그렇게 될 운명이다.[19] 이 말이 무슨 뜻인지 이해하기 위해 잠시 철학 여행에서 벗어나 샛길로 가 보자. 파리에서 나와 동쪽으로, 지금보다 몇 세기만 더 과거로 이동하면 된다.

1806년 독일의 한 도시 예나에서 우리는 젊은 헤겔을 만날 수 있다. 그는 훗날 독일 관념주의를 대표하는 철학자가 될 예정이다. 나폴레옹 군대가 예나에 입성했을 때, 헤겔은 서른여섯의 젊은 대학 강사였다. 당시 대표작인『정신현상학』도 막 출간되었다. 그는 프랑스 혁명의 열렬한 지지자였고, 거대한 팽창 욕구를 가진 이 작은 체구의 장군을 대의를 위해 싸우는 투사로 인정했다.[20] 하지만 '해방자' 나폴레옹과 관련해서는 그의 생각이 틀렸음을 역사가 증명했다.

헤겔의 사상에서 개인의 자유와 주체는 중요한 요소다. 아무리 짧은 탐구라도 그의 저서를 다룰 때 놓쳐서는 안 될 핵심 단어 중 하나가 '상호 주관성'이다. 이 개념을 아주 단순하게 표현하면 이런 것이다. 만일 내가 정신적이고 주관적인 내면세계를 가졌다면, 다른 모든 사람 역시 그런 내면을 가졌다고 인정해야 한다.

"당연한 얘기 아닌가?"라고 묻고 싶은 사람도 있을 것이다. 맞다, 오늘날의 관점에서는 진부한 통찰이다. 하지만 대부분 위대한 철학 사상이 그러하듯이 이 개념 역시 생겨난 당시에는 전혀 당연하지 않았다. 혁명, 그 자체였다. 지난 수천 년 동안 진정한 의미의 독립적인 주체성은 합당한 가문의 상류층 백인 남성에게만 부여되었다. 농부나 노예와 같은 평민, 천민들은 주체와 거리가 멀었다. 그들은 주체가 아니라고 여겨졌기 때문에 사실적으로나 도덕적으로나 그들의 감정과 욕구를 고려할 필요가 없었다. 이 논지는 지배층에게 매우 유리했다. 대다수 인구가 소수의 이익을 위한 도구로 취급되는 것이 당연했다.

르네 데카르트^{René Descartes}가 헤겔보다 약 150년 먼저 "나는 생각한다, 고로 존재한다"라는 명언으로 철학에서 주체의 중요성을 강조했다. 그러나 데카르트가 말하는 '나'는 아직 매우 초보적인 개념으로, 헤겔이 말한 '개인'의 개념보다는 주로 인지 능력을 가진 사람 정도로 정의되었다. 어쨌든 우리 모두 주관성을 가진 주체라면, 각기 다른 주체가 저마다의 욕구와 목표를 가졌다고 추측하는 것이 타당할 것이다.

그렇다면 주체들 간의 갈등도 이미 예정된 것이나 다름없어 보인다. 개인의 욕구와 목표가 항상 같을 수 없기 때문이다. 하지만 헤겔은 영국의 동료 철학자 토머스 홉스Thomas Hobbes와는 달리 주관성으로부터 지속적인 존재 투쟁이 아닌 타인에게 나의 존재를 인정받기 위한 사회적 경쟁이라는 개념을 도출한다. 홉스는 모든 인간이 각자의 행복을 추구할 권리를 가진다고 주장했지만, 헤겔은 궁극적인 행복 추구를 위해 달성하고 마련해야 할 사회 구조적인 부분을 강조했다.

홉스의 주체는 존재하기 위해 다른 사람을 지배해야만 한다. 즉, 인간의 기본 상태가 '만인에 대한 만인의 투쟁'이다.[21] 하지만 홉스가 이런 태도를 미화한 것은 아니다. 오히려 이런 원초적 상태에서는 농업부터 사치품 생산에 이르기까지 그 어떤 문명적 업적도 달성할 수 없다고 주장한다.

문명적 업적은 오직 만인에 대한 만인의 투쟁을 멈추고, 국가 체제로 결속될 때 비로소 가능해진다. 이 결속을 가능하게 하는 존재는 전쟁 상태에서의 우월한 세력, 즉 홉스의 관점으로는 이상적이고 강력한 군주다. 강력한 군주가 등장할 때 인간은 결속한다는 의미이기도 하다.

헤겔의 공존 개념은 홉스의 이러한 사상과는 다르다. 더 사회적인 개념이다. 헤겔이 주장하는 공존에서는 '상호 존중'이 가장 결정적 규범이다. 상호 존중은 도덕적 요구가 아니다. 이는 앞에서 언급했듯이 타인도 나와 똑같이 주관적인 내면세계를 지닌 개인이라는 사실에 기반한다. 헤겔이 정의하는 자아 개념의 핵심은 '사회적 공동체', 즉 타인 없이는 자아의 존재를 상상할 수 없다는 것이다.

근본적으로 헤겔의 주체에는 또 다른 놀라운 특성이 있다. 주체는 정적인 존재가 아니라 스스로 변할 수 있다. 무생물과 달리 상황에 휘둘리는 놀잇감이 아니다. 스스로 결정을 내리고, 이전 상태에서 새로운 상태로 변한다. 새로운 자아를 통해 이전의 자아를 부정한다고도 볼 수 있다.

이 말은 실제보다 더 극적으로 들린다. 하지만 헤겔이 말하고자 하는 것은 '나는 매일 어제와는 모순되는 의견을 가진 완전히 새로운 사람이 된다'는 뜻은 아니다. 또한, "나는 타인이다"라는 말로 유명한 프랑스 시인 아르튀르 랭보^{Arthur Rimbaud}의 생각처럼 모든 인간이 자신에게 낯선 존재라는 것도 아니다. 그의 자아 개념은 자아를 하나의 과정으로 이해하는 것이다.[22]

이는 우리를 다시 사르트르로 이끈다. 사르트르는 바로 이런 '과정성'에 매료되었다. 과정성은 우리에게 변화의 가능성을 제공하기 때문이다. 그는 자신의 주요 저서 『존재와 무』에서 두 가지 존재 양식, '즉자존재(l'être en-soi)'와 '대자존재(l'être pour-soi)'를 구분한다. 즉자존재는 자기의식이 없는 돌과 같은 무생물이 해당되고, 대자존재는 자기의식이 있는 존재가 해당된다.

인간의 자유는 이 두 가지 존재 양식이 만나는 순간에 있다.

예를 들어 사람이 돌을 인식하거나 보거나 만질 때, 돌은 '그 사람을 위한 무엇'으로 바뀌며 의미가 생긴다. 이 의미는 고정불변이 아니라, 만남에 참여한 '자기의식이 있는 존재'에 따라 달라진다. 즉, 의미는 얼마든지 변할 수 있다. 돌은 장애물, 등반 대상, 예술 작품, 도구, 상징, 다양한 자연 재료의 조합 등이 될 수 있고, 이 모든 의미는 돌을 관찰하는 사람과 상황에 따라 바뀐다. 주변 세상을 보고 이해하고 해석하는 인간의 능력이 우리를 자유로운 존재로 만든다. 우리는 세상을 따져 묻고 탐구하고 의심하고 고민할 수 있다. 그렇게 할 수 있고, 해도 되고, 해야 한다.

우리가 다른 사람을 만날 때, 서로를 서로의 '무엇'으로 이해하는 이 과정이 나와 상대방, 양쪽에서 동시에 일어난다. 부정적으로 표현하자면 우리는 타인을 만나는 순간, 의식적이든 무의식적이든 그 사람을 범주화하고 분류한다. 상대도 마찬가지다. 이 행위가 딱히 상호 존중적인 교류처럼 들리지는 않을 수도 있다. 하지만 실제로 사르트르는 바로 이 경계, 즉 타인의 평가로 구성된 이 범주들에서 자기 인식의 가능성을 발견한다.

나는 다른 사람이 나에 대해 가진 이미지를 행동과 태도 등을 통해 반박할 수 있다. 그러면서 언제든 외부의 해석에서 벗어나 나의 자유를 실현할 수도 있다. 타인의 시선은 오로지 내가 스스로 그것에 얽매일 때만 문제가 되고 앞서 말한 '지옥'이 된다. 내가 스스로 자유로운 대자존재이기를 포기하고, 그저 즉자존재에 불과한 것처럼 행동하고 느낄 때 타인의 시선에 얽매이게 된다.[23]

우리 중 누구도 자기의식이 없는 돌멩이 같은 존재가 되기를 원하지 않는다. 그래서 타인이 나를 한낱 돌멩이로 취급할까 봐 두려워한다. 생각 과잉의 문은 그렇게 열린다. 생각의 무한 루프에 더 깊이 빠져들어 쳇바퀴를 계속해서 돌릴수록 나는 타인의 평가에 휘둘리지 않으며 얼마든지 그것을 반박하고 언제든지 여기서 완전히 벗어날 수 있는 존재임을 잊어버리게 된다. 타인의 평가에서 벗어난다는 것은 도피가 아니다. 오히려 사르트르가 말한 것처럼 자기 인식, 그 자체를 의미한다.

어쨌든 위험이 커진다고 해서 무작정 쳇바퀴를 멈춰서는 안 된다. 더 현명하게, 더 제대로 쳇바퀴를 돌려야 한다. 타인의 시선과 평가 때문에 자기 자신을 의심하며 자문하는 것이 처음에는 불편하고 괴로울 수도 있다. 하지만 그런 고민도 잘 활용하면 언젠가는 깨달음을 준다.

이런 깨달음이 생각의 쳇바퀴를 충분히 돌렸다는 증거고, 충분히 돌려야만 완전히 내려오는 것이 가능하다. 그 과정에서 나는 타인의 평가가 완전히 옳았거나 어느 정도 옳았다는 것을 깨닫고 무언가를 바꾸고 싶어질 수 있다. 반대로 그 평가가 틀렸으므로 지금 이대로 괜찮다는 것을 깨달을 수도 있다. 어떤가. 무작정 생각을 멈추려고 애썼을 때보다 더 중요한 깨달음을 얻지 않았는가? 이로써 딥 씽킹으로 가는 중요한 첫걸음을 내디뎠다.

그럼에도 타인으로부터
도망칠 수 없는 이유

그렇다고 하더라도 내성적인 사람들에게는 이 모든 이야기가 여전히 달갑지 않게 들릴지도 모른다. 아무런 걱정 없이 타인으로부터 벗어나고 싶을 것이다. 혼자 있을 때 훨씬 더 자유롭고, '타인의 판단으로부터 벗어났다'고 느껴지기 때문이다.

하지만 순전히 진화론적으로 볼 때 인간은 '완전한 고립'에 적합하지 않게 설계되었다. 누군가에게 이 사실은 결코 좋은 소식이 아닐 것이다. 완전한 고립은 소설 『로빈슨 크루소』 같은 세계문학에서 자주 등장하는 주요 테마다. 이는 영화 「캐스트 어웨이」 같은 현대판 로빈슨 크루소 이야기에도 등장한다. 이 영화는 자아를 인식하기 위해 타인의 도움이 얼마나 절실하게

필요한지 한 스포츠 용품을 통해 보여 준다. 톰 행크스^{Tom Hanks}
가 연기한 '척 놀랜드'는 떠내려온 쓰레기 더미에서 배구공을
건져 거기에 얼굴을 그린다. 그 순간부터 척은 이 배구공을 '윌
슨'이라고 부르고, 윌슨은 그의 대화 상대가 된다. 다소 과묵하
긴 하지만 윌슨은 척의 좋은 대화 상대다.

근본적으로 척은 대화가 아니라 그저 혼잣말을 할 뿐이라고
반박할 수도 있다. 하지만 둘의 대화는 혼잣말 그 이상이다. 일
단 척이 윌슨에게 얼굴과 이름을 부여함으로써 평범한 배구공
을 어느 정도 현실적인 대화 상대로 만들었기 때문이다. 물론
사르트르에게는 이 모든 것이 자기 인식에 도달하기에는 충분
하지 않았을 것이다. 척이 윌슨의 지위를 '대화 상대'로 끌어올
려 주었다고 해서, 배구공이 척에게 똑같이 해 줄 수는 없기 때
문이다.

하지만 다른 프랑스 철학자 에마뉘엘 레비나스^{Emmanuel Lévinas}
라면 아마도 이 장면에 매우 열광했을 것이다. 레비나스는 사
르트르와 동시대를 살았고, 두 사람의 길은 사상 면에서도 교
차했다. 레비나스의 사상은 이른바 '얼굴의 철학'으로, 사르트
르보다 한 걸음 더 나아간다. 두 사람 모두 타인을 자아에 대한
일종의 도전으로 보지만, 레비나스는 이런 도전을 무엇보다 새
로운 가능성이 열리는 것으로 본다. 그는 심지어 존재의 의미
란 타인을 통해 비로소 드러난다고 말한다.[24]

언뜻 위압적으로 들리지만, 여기서 타인은 특히 취약하고 연약한 대상이라는 의미다. 그렇다고 해서 이런 약함이 즉시 보호 욕구를 불러일으키는 것은 아니다. 실제로 레비나스는 이 렇게 썼다.

> 타인의 얼굴에는 항상 그의 죽음에 대한 예감이 존재하며, 그 렇기에 어떤 의미에서는 살인의 유혹도 함께 존재한다.[25]

우리는 타인의 취약함을 통해 관계의 우위를 확인하고, 더 나아가 타인의 생명을 빼앗을 수 있는 잠재적 기회로 여긴다는 말인가? 잔혹하게 들리지만 그렇다. 레비나스의 가족 대부분이 나치 가스실에서 희생되었다는 점을 고려하면, 그가 이런 생각 을 떠올리는 것도 무리는 아니다. 그의 사상에는 근원적인 악 에 대한 경험이 항상 존재했고, 이 경험은 그의 윤리학을 발전 시킨 결정적인 원동력이었다.[26]

타인의 얼굴은 우리로 하여금 상대방이 타인 그 자체라는 사실을 보여 준다. 상대의 학력, 성격, 취향과 같은 정보를 아 무리 많이 안다고 해도 얼굴에 담긴 생각과 영혼을 완벽히 소 유하거나 이해할 수는 없다. 즉, 타인의 얼굴은 결코 도달할 수 없는 존재임을 나타낸다. 이 개념이 바로 '접근 불가능성'이다.

그러므로 타인을 향한 폭력은 궁극적인 권력을 이용해 접근 불가능성을 부정하려는 필사적 시도다. 레비나스에 따르면 이는 물리적 살인 행위를 통해 가능하다. 그러나 살인을 통해 육체를 파괴하더라도 상대방이 나와는 다른 독립된 존재임을 드러내는 본질적인 타자성까지는 결코 죽일 수 없다. 형이상학적 차원에서 타자성은 타자를 사물화하려는 모든 시도에 맞선다.

그렇다. 얼굴은 그 자체로 무방비하게 다른 존재임을 드러내기 때문에 얼굴을 가졌다면 누구나 살해될 수 있다. 하지만 얼굴의 이런 무방비함이야말로 역설적으로 "나를 살해하지 말라"는 호소이기도 하다.[27] 레비나스는 이런 취약성을 '윤리로 가는 관문'으로 본다.[28] 주체는 타인과 그의 공간에 대해 책임질 뿐만 아니라, 앞서 언급한 존재의 의미 역시 타인과의 관계 속에서 비로소 형성된다.[29]

사르트르의 주체가 자유와 그로 인한 강박 때문에 계속해서 출구 없이 자기 자신에게로 되돌아간다면, 레비나스의 자유는 타인에 의해 끝없이 의심받는 자유다. 이러한 대조는 사소한 것도 아니고, 우연도 아니다. 이는 두 사상가가 서로 다른 세계에서 왔음을 명확히 보여 준다. 사르트르는 급진적 무신론자이고, 레비나스는 유대교의 탈무드 전통을 기반으로 하는 인본주의자다.[30]

타인은 나와 구분되는 그 타자성 때문에 항상 개인이라는 주체에게 낯선 존재다. 그래서 우리는 모두 외롭다. 그러나 레비나스의 외로움은 공동체의 상실이나 부재로 정의되지 않는다. 오히려 주체인 인간에게 모방할 수 없는 고유함을 부여하며 떼려야 뗄 수 없는 개념으로 결합한다. 따라서 타인에 대한 책임이란 사르트르의 생각처럼 자유로운 결정에 의해 생기는 것이 아니다. 모든 주체는 의지와 상관없이 그 책임을 직면하게 되며 결코 거기서 벗어날 수도 없다.[31]

이러한 주장은 생각이 많은 사람에게 몇 가지 좋은 소식을 전해 준다. 첫째, 생각의 무한 루프에 갇힐 때마다 나를 짓누르는 외로움을 완화할 수 있다. 생각의 무한 루프는 절대 우리의 잘못으로 초래된 것이 아니다. 단지 마주하는 것만으로도 타인에 대한 책임을 느끼도록 설계된 이상 우리는 타인이 나를 어떻게 볼지, 내가 무엇을 잘못했는지 끊임없이 분석할 수밖에 없다. 이것은 인간이라는 존재의 기본 상수, 즉 인간이라면 누구나 겪을 수밖에 없는 일이다.

둘째, 레비나스의 말대로라면 타자성이라는 개념을 조금 더 가볍게 받아들일 수 있다. 상대방의 타자성은 나를 공격하기 위한 것이 아니다. 그저 나와 상대방이 다른 존재이기 때문에 발생한다. 타인은 나에게 끝없는 자기 의심과 원인 분석을 제공하기 위해 존재하는 것도 아니다. 그러므로 우리는 감정의 놀이공원 속 생각의 회전목마에서 맘 편히 내려올 수 있다.

정말 긴 여정이었다. 존재론이라는 경주마를 타고 주체 철학의 초원을 질주했다. 도중에 몇 번 잠깐 멈춰 서서 얼마나 많은 철학자가 자아의 의미, 특히 자기 인식과 자기 정의에 대해 자기 생각을 쏟아냈는지도 살펴봤다.

처음 멈춘 곳은 사르트르였다. 그는 인간의 자유, 즉 타인을 인식함으로써 얻기도 하고 제한되기도 하는 자유를 급진적으로 강조했다. 자기 인식과 타인 인식 사이의 긴장 속에서 자기의식의 기회가 생긴다. 그러나 이런 상황을 이용할 때는 신중해야 한다. 특히 자기 인식을 타인의 판단에 맡겨버리면 타인은 지옥이 될 수 있기 때문이다.

사르트르 다음으로는 과거로 가서 헤겔을 만났다. 헤겔은 상호 주관성이라는 개념을 통해 타인을 단순히 어쩌다 마주치는 우연적 존재로만 보지 않고, 그것 없이는 자아를 생각할 수 없는 본질적 존재로 만든다. 따라서 상호 인정은 인간 공동체의 토대이자 타인을 보는 개인주의적 관점이나 갈등에 기반한 관점의 반대 개념이다.

마지막으로 헤겔을 떠나 다시 미래로, 즉 레비나스의 얼굴 철학으로 갔다. 여기서 타인은 자아에 대한 도전을 상징한다. 언뜻 위협적으로 들릴 수는 있지만 절대 부정적인 개념은 아니었다. 오히려 정반대로 이는 타인에 대한 책임과 윤리로의 초대였다. 타인이 나와 다른 존재임을 인식함으로써 오히려 자기

존재의 의미를 엿볼 기회를 얻는다.

생각 과잉에 빠진 여행자를 위해 여행 일지에 기록해 둘 만한 몇 가지 내용을 더 소개해 보겠다. 타인이 나의 자기 인식에 영향을 미치는 것은 부끄러워할 일이 아니다. 심지어 그것은 생각의 차원에서 보면 꼭 필요한 일이다. 그러므로 타인으로부터 아예 도망치는 것은 잠깐의 휴식이 아니고서야 무의미한 노력이다. 다른 사람과의 관계, 특히 다툼이나 대립 때문에 고민하는 것은 애초에 문제라고 할 수도 없다. 오히려 더 명확히 스스로를 의식할 수 있는 기회이다.

그렇다고 해서 타인의 판단에 나 자신을 전부 맡겨도 위험해진다. 타인의 관점만 받아들이고 상호 주관성을 고려하지 않는 것 역시 위험한 일이다. 즉, 타인의 의견이 무엇인지와 그 의견을 내가 어떻게 받아들일지는 완전히 다른 문제다. 험한 산길을 걷는 트레킹처럼 곳곳에 위험이 도사리고 있지만, 숨막힐 듯 아름다운 경치를 보게 될 가능성도 있다.

하지만 나는 아무것도 미화하고 싶지 않다. 다른 사람과 관계를 맺고 소통하는 일은 생각으로나 실제로나 매우 복잡하다. 이런저런 철학을 탐구하며 다양한 생각을 익혀도 우리는 때때로 양가감정에 갇히기 마련이다. 다른 사람들과 어울릴 수 없을 것 같은데, 동시에 그들이 없으면 안 될 것 같다. 이 복잡한 마음은 상대방이 실제로 앞에 있고 그래서 실제로 반응을 보여

야 하는 상황이든, 그저 상상 속에서 펼쳐지는 가상의 상황이
든 상관없이 생기곤 한다.

양보라는 이름의
감옥에 갇힌 생각들

아무튼 고민이 일상인 나는 사실 생각의 쳇바퀴를 돌리는 데 굳이 타인이 필요하지 않다. 실시간 라이브 방송처럼 내 앞에 상대방이 서 있지 않아도 된다는 뜻이다. 멍하니 생각에 잠겨 있다 보면 어렵지 않게 무인도에서 윌슨과 싸움도 벌일 수 있다. 배구공의 표정이 전혀 변하지 않는데도 그럴 수 있다.

하지만 며칠 전 같이 엘리베이터를 기다리던 나의 이웃은 전혀 달랐다. 나는 아래층에 사는 다른 두 이웃과 엘리베이터에서 대화를 시작했고, 이야기는 그들이 내린 뒤에도 끝나지 않았다. 그래서 자연스럽게 엘리베이터 문을 열어 둔 채 대화를 이어 갔다. 대략 30초 정도의 짧은 시간이었지만, 위층 남자에게는 너무 긴 시간이었던 모양이다. 그는 짜증스럽게 코웃음을 치며 계단을 내려왔다. 실수를 깨달은 나는 당장 엘리베이터를 올려 보냈다. 내려가는 위층 남자에게 큰소리로 사과하고 싶었지만, 이미 너무 늦었다. 그는 계속해서 터덜터덜 계단을 내려갔고 들으라는 듯 큰소리로 짜증을 냈다.

대부분 이런 사건쯤이야 금세 잊는다. 나와 함께 엘리베이터 문 앞에 서 있던 두 이웃 중 한 명은 분명 잊었을 것이라고 확신한다. 한 사람은 현관 열쇠를 찾느라 가방을 뒤지며 계속 이야기를 이어 갔고, 다른 한 사람은 계단 아래를 향해 "좋은 하루 보내세요"라고 노래하듯 외치기까지 했다. 위층 남자가 더는 보이지 않고 아무 대꾸도 없자 그녀는 눈썹을 치켜올리며 "아침에 운동 좀 하는 것도 괜찮을 거야"라고 중얼거렸다.

그 말이 맞았을까? 어떤 면에서는 맞을지도 모른다. 애초에 바쁜 출퇴근 시간도 아니었을뿐더러 위층 남자는 내가 전혀 인식하지 못한 그 짧은 기다림에 어쩌면 그렇게 많이 화가 나지 않았을 수도 있기 때문이다. 하지만 생각이 너무 많은 나는 나의 잘못을 즉시 인정했다. 대화는 엘리베이터 밖에서도 충분히 할 수 있었다. 죄책감이 들었다. 무엇보다도 그 남자의 짜증이 혐오감으로 발전하거나, 그럴 리는 없겠지만 이웃 간의 다툼으로까지 번지지는 않을까 하는 걱정이 앞섰다. 그런 일을 원하는 사람은 아무도 없을 것이다.

구체적인 갈등이 없더라도 이런 순간들을 되새기다 보면 별안간 불안이 엄습한다. 어떻게든 상황을 좋게 바꾸고 싶어진다. 하지만 어떻게 바꿔야 한단 말인가? 다음에 다시 만나면 모든 것을 설명하고 정중히 사과해야 할까? 그것은 좀 지나친 것 같다. 관련된 모든 사람이 불편해질 수도 있다. 게다가 상대방은 이미 오래전에 그 사건을 잊었을지도 모른다. 그런데도 어째서 이런 상황에서는 생각의 쳇바퀴가 그토록 쉽게 돌아갈까?

생각 과잉과 거리가 먼 사람은 아마 상대방이 뭐라고 생각하든 전혀 신경 쓰지 않으면 된다고 말할 것이다. 이 말에는 분명히 배울 점이 있다. 당연히 반사회적인 수준으로 상대방의 생각을 무시해서는 안 된다. 하지만 상대방의 의견을 내 마음대로 상상하고, 과도하게 신경 쓰는 것도 바람직하지 않다. 기본적으로 다들 알고 있는 것처럼 내가 세상 모든 사람을 만족시킬 수는 없기 때문이다.

하지만 생각이 너무 많은 사람은 다르게 행동한다. 그런 사람은 대개 남을 기쁘게 하는 사람, 즉 '피플 플레저People Pleasure'이기 때문이다. 이 단어는 영미권 유행어인 '피플 플리징People Pleasing'에서 유래한 표현으로, 진지한 의미의 의학적 진단은 당연히 아니고 일련의 행동 패턴을 일컫는다. 주변 사람들을 기쁘게 하고, 그 누구에게도 불쾌감을 주지 않는 것을 지나치게 중시하는 사람들을 묘사할 때 쓴다.[32]

피플 플리징의 목표는 조화다. 그래서 피플 플레저는 사탄이 성수를 피하듯 갈등을 피한다. 개인 생활에서든 직장 생활에서든 마찬가지다. 심리학자 울리케 보스만^{Ulrike Bossmann}에 따르면, 생각 과잉과 피플 플리징의 교집합은 '수치심'이다.

> 수치심이 드는 순간, 다른 사람들이 나에 대해 어떻게 생각할지, 있는 그대로의 나를 드러내면 어떻게 될지 고민이 시작된다. 이런 고민은 다른 사람들의 기대에 부응하지 못하면 거부당할 수도 있다는 끊임없는 두려움으로 바뀐다.[33]

심리학자 토마스 바흐만^{Thomas Bachmann}은 피플 플레저가 자신의 조화 욕구를 채우기 위해 쓰는 방식을 세 가지로 구분한다. 첫째, 회피다. 갈등이 애초에 발생하지 않게 하거나 일단 발생하더라도 회피하려 애쓴다. 내가 엘리베이터에서 겪었던 경험에 적용하면, 애초에 엘리베이터가 올라가는 중임을 알아차리고 즉시 내렸을 것이다. 위층 남자를 불쾌하게 만드는 상황이 발생하기 전에 반응하는 최고의 선택이라고 볼 수 있다.

다음은 회유다. 회유 과정에서는 자신의 욕구와 다른 사람의 욕구가 충돌하지 않도록 조절된다. 거의 자동반사적으로 내가 이웃에게 즉시 사과한 것이 여기에 해당한다. 그 사과는 객관적으로 필요한 것보다 더 빠르고, 더 과한 사과였을 것이다.

내게는 갈등을 해결하는 것보다 즉시 나의 잘못을 인정하는 편이 더 나았다. 위층에서 이웃이 기다리고 있다는 사실을 몰랐지만, 어쨌든 나는 사과하기를 택했다.

가장 중요한 마지막 방식은 겉치레다. 이것은 가장 정교하지만 동시에 익히기 가장 어려운 방식인데, 겉으로는 남을 기쁘게 하는 사람인 척하면서 동시에 자신의 이익을 챙기는 전략이다.[34] 이 전략은 결국 계단으로 내려가는 위층 남자에게 노래하듯 인사를 건넨 이웃에게 적용된다. 그녀는 기분 상한 남자에게 친절을 보이면서 자신도 남자의 기분을 아주 잘 이해하고 있고, 그래서 유감을 표하는 '척'한다.

게다가 그녀는 어깨를 으쓱하며 자신의 반응이 옳았는지 고민하지 않고 비교적 빠르게 이 상황을 떨쳐냈다. 다른 사람에게 예의를 갖추려는 자신의 욕구를 채우면서도 행동과 감정을 억제하지 않았다. 이 사례에서 볼 수 있듯이 특히 겉치레 전략의 경우, 외부인은 이것이 생각 과잉에서 비롯된 피플 플리징인지, 그저 사소한 사건에 대한 진짜 무관심인지 알아차리기 쉽지 않다. 열쇠를 찾느라 이 상황에 전혀 신경 쓰지 않았던 또다른 이웃처럼 말이다.

하지만 피플 플레저가 어떤 방식을 선택하든 모두에게 문제가 되는 한 가지는 바로 "아니오"라고 말하는 것이다. 따라서 피플 플레저는 상황의 결과가 자신의 바람과 아무리 상충되더라도 반사적으로 "예"라고 대답한다. 그들은 실제 의견은 "아니오"인데도, 입으로는 "예"라고 말한다.[35]

이렇게만 보면 피플 플레저는 철저히 이타주의를 따른다고 생각할 수도 있다. 하지만 그렇게 간단한 문제가 아니다. 인간은 자기 동기 없이 행동하는 일이 거의 없기 때문이다. 심리학자 클라우스 그라베Klaus Grawe는 인간이라면 누구나 이미 가지고 있고, 진화를 통해 내면에 깊이 뿌리내린 심리적 기본 욕구를 네 가지로 분류한다.

첫째는 애착 욕구고, 둘째는 방향 설정 및 통제 욕구다. 우리는 신뢰할 수 있는 관계를 원하고 상황을 스스로 통제하고 싶어 한다. 셋째는 자존감 보호 및 향상 욕구다. 우리는 타인에게서 호감을 얻고 인정받고 싶어 한다. 마지막으로, 불쾌감을 회피함으로써 쾌락을 얻고자 하는 욕구가 있다. 이는 인간이 불쾌한 경험보다 유쾌한 경험을 선호한다는 것을 의미한다.[36]

모든 사람은 기본적으로 이런 욕구를 최대한 많이 충족하고자 한다. 하지만 남을 기쁘게 하는 것이 인생의 가장 중요한 목표인 피플 플레저들은 이 중에서 특히 애착 욕구와 자존감 보호 및 향상 욕구에 집중한다. 관계를 좋게 유지하면 상대방은 피플 플레저로부터 소중하게 대우받는다고 느끼고, 그를 인정하게 된다. 이는 피플 플레저의 자존감을 높이는 데 매우 중요한 기능을 한다.

따라서 피플 플레저들은 이런 관계의 역학을 방해할 수 있는 모든 충돌을 피한다. 정도에 따른 차이는 있지만 대체로 그들은 타인의 의견에 매우 의존하게 되며, 이는 또 다른 기본 욕구인 방향 설정 및 통제 욕구와 충돌한다. 통제력을 잃을지도 모른다는 두려움은 상당히 실존적인 위협이 될 수도 있다.[37] 이는 네 번째 욕구인 쾌락 추구와 상반되며, 더 나아가 생각 과잉이 자라날 수 있는 완벽한 토양이 된다.

타당한 이유로 손해를 무릅쓰고 무언가를 받아들이는 경우와 다른 사람의 비위를 맞추기 위해 스스로 손해를 보는 경우를 구분하는 기준은 일정하지 않다. 대체로 개인과 상황에 따라 달라진다. 피플 플리징에는 자기 손해가 부수적으로 따르기 마련이다. 피플 플레저가 스스로 초래한 좌절감은 쌓이고 쌓이다가 언젠가 한꺼번에 폭발할 확률이 매우 높다. 이 폭발이 자신을 향하든 타인을 향하든 건강하지 않은 반응임은 분명하다.[38] 따라서 심리학 관점에서 볼 때, 피플 플리징은 자제하는 것이 확실히 유익하다. 나만 생각하면 이기적이고, 남만 생각하면 자기 자신을 잃는다. 균형을 찾는 것이 중요하다.[39]

물론 실천은 말보다 어렵다. 하지만 앞서 사례로 들었던 엘리베이터 일화처럼 실천하는 것이 아주 불가능하지는 않다. 어쩌면 곧 덜 불편한 상황이 생겨 위층 남자를 대하기가 편해질

지도 모른다. 그러면 내 마음도 진정되고, 내가 했던 이런저런 생각들이 실제로 생각 과잉이었음을 깨닫게 될 수도 있다. 이 과정이 나의 다음 생각 과잉을 반드시 막아 주지는 못하더라도, 적어도 이 경우만큼은 일이 잘 풀린 덕에 머릿속의 피플 플리징은 입을 다물고 내게 평화를 줄 것이다.

게다가 돌이켜보면 이 생각 과잉이 매우 짜증스럽고 나를 지치게 했어도 외부로 표출되지 않았다는 점에서 분명 긍정적이다. 이 모든 과정은 사실상 나 혼자 생각한 것이고, 그래서 어떤 결과도 낳지 않았다. 비록 괴롭긴 했어도 감당할 만했다.

하지만 피플 플레저들의 경우, 고민 상황이 항상 이렇게 간단히 해결되는 것은 아니다. 일상 어디든 인터넷이 연결되면서 이 문제는 훨씬 복잡해졌다. 예전에는 가정이나 마을에 국한되었던 것이 이제 전 세계로 확대되었다. 여러 SNS를 이용해 본 사람이라면 잘 알 것이다. 인터넷 세상은 매우 거칠고 험난한 바다고, 이곳을 무사히 항해하려면 강한 자존감이 필요하다.

생각을 판결하는
'얼굴 없는 판사'

우리는 보통 상상 속 외부인이 나를 보는 시선으로 자기 자신을 본다. 이때 '외부인의 시선'이란 외부로부터 영향을 받았으며, 무엇보다도 타인의 가치 판단이 만들어 낸 시선이다. 이 시선의 한편에는 영감이, 다른 한편에는 정신적 압박이 있다. 글로벌 커뮤니티에 머물다 보면 자기도 모르게 남과 비교하게 되는데, 이는 축복이자 저주이다.

SNS는 의심의 여지 없이 이전에는 상상도 할 수 없었던 사회를 만들어냈다. 분명 좋은 일이다. 우리는 SNS에서 독특한 취미, 기묘한 정서, 색다른 관심사 등을 찾는다. 그뿐만 아니라 같은 열정이나 어려움을 겪는 사람을 만나 생각을 공유할 수도 있고, 이를 통해 혼자가 아니라는 느낌, 즉 사회적 유대감을 형성하기도 한다. 이는 사회적으로나 대인 관계 측면에서 엄청난 이점이다.

나는 코로나 팬데믹 초기에 암 진단을 받았을 때 이 유대감을 직접 경험했다. SNS가 없었다면 다른 환자들과 소통할 기회가 없었을 것이다. 설령 봉쇄를 비롯한 여타 조치가 없었다고 해도 SNS 없이 지역 사회에서 나와 비슷한 처지인 사람을 만나기란 거의 불가능이었다. 다른 방법으로는 접할 수 없었을 경험과 정보를 인스타그램을 통해 접할 수 있었을 뿐만 아니라, 같은 어려움을 겪는 사람들을 만나고 서로를 이해하는 기회도 얻었다. 이들 중 일부는 이제 친구가 되었고, 화면의 장벽도 극복했다.

여기서 누군가는 "하지만!"을 외칠 수 있다. 그것도 아주 큰 소리로 말이다. 모든 일에는 당연히 단점도 있기 때문이다. 내가 공동 저자로 집필했던 전작 『잘 지내지 못해요, 고마워요』는 공감을 바라는 상황에서 격언과 명언 폭격을 당하면 무슨 일이 벌어지는지 설명한다. 나는 암 환자들의 온라인 커뮤니티에서 긍정적인 분위기가 얼마나 빨리 독으로 바뀔 수 있는지 직접 경험했다.

물론 그 커뮤니티에는 암이 가진 실제 두려움보다 더 큰 두

러움을 주는 무서운 이야기들도 자주 오갔다. 악의적인 사람이 있어서가 아니다. 쉽게 접근할 수 있는 정보만 이용하는, 이른바 '가용성 편향' 때문이다. 엄밀히 말하면 이런 형태의 인지 왜곡은 객관적 데이터에 접근할 수 없어서 개인적인 경험에만 의존할 때 자주 발생한다. 하지만 데이터가 존재하더라도 판단을 내리는 데 이용하지 않으면 이런 편향은 금세 발생한다.

가용성 편향이 발생하는 이유는 여러 가지가 있다. 새로운 정보가 자신의 신념과 모순되거나, 정보량이 너무 방대해서 도저히 이해할 수 없거나, 차별화된 그림을 그리려면 상당한 노력이 필요하기 때문일 수 있다.[40] 그렇다고 해서 가용성 편향으로 생긴 감정이 부당하거나 타당성이 떨어지는 것은 아니다. 그저 일반적이지 않고 행동 지침에 적합하지 않을 뿐이다. 아무리 정교한 삼단 논법을 사용하더라도 개인적인 경험만으로는 보편타당한 명제를 도출할 수 없다.

과거 매스 미디어에서는 '모든 것이 괜찮다'라는 메시지보다 공포심을 자극하는 메시지가 더 주목받고, 더 자주 읽혔다. 그래서 그런 메시지들이 큰 영향력을 발휘했다. SNS에서도 사람들은 주로 자신의 부정적인 경험을 공유한다. 이런 경험이 통계와 얼마나 모순되는지는 중요하지 않다. 당사자에게는 직접 경험한 것이 추상적인 확률 계산보다 항상 더 현실적으로 느껴진다. 이 확률 계산은 경험과 정반대의 결과가 나올 수도 있다.

이때 개인 차원의 경험은 실체 있는 증거가 될 수 없으며 단순 감정에 불과하다는 사실은 중요하지 않다.

특히 눈에 띄는 또 다른 커뮤니티는 전형적인 맘 카페로, 온라인에 셀 수 없이 많다. 예를 들어 아이를 얼마나 원했었고 임신했을 때는 어땠는지 같은 경험을 고백하는 글들을 읽다 보면, 아이를 낳는 일은 사실상 불가능한 도전 같다는 인상을 피할 수 없다. 유산과 시험관 수정 실패 경험에 관한 글도 압도적으로 많이 보인다.

공개적으로 이런 이야기를 하는 것이 여전히 다소 금기시되는 현실 역시 이런 글의 효력을 더욱 강화한다. 첫째, 이런 주제는 사회에서 거의 논의되지 않는다. 둘째, 복잡할 수도 있는 임신 성공 과정이 궁금한 사람들이 주로 이런 커뮤니티에 가입한다. 하지만 어려움 없이 자연 임신에 성공한 사람들조차도 문제나 긴급한 질문이 생기면 인터넷으로 한참을 검색하다가 조만간 그곳에 가입하게 될 것이다. 게다가 이런 긴급한 질문은 주로 밤에 생기니 말이다.

아기가 태어나면 수많은 온라인 토론이 본격적으로 시작된다. 소셜 미디어의 유해성은 다양한 경험을 비교하면서 극에 달한다. 혹시라도 지금 '맙소사, 멍청한 댓글에 휘둘릴 필요 없잖아!'라고 생각했다면, 이런 온라인 커뮤니티에서 하루만 보내보라고 권하고 싶다.

나는 임신 전 여러 커뮤니티에 가입해서 임신 출산과 관련된 다양한 주제에 대해 알아봤다. 기본적으로 커뮤니티 가입 자체를 만류할 생각은 없다. 특히 소소한 통증이나 꼭 필요한 아기 용품에 대한 조언을 얻고자 한다면, 이런 곳에서 공유된 경험은 정말 큰 도움이 될 것이다. 사타구니가 이상하게 당기는 느낌이 들어 불안할 때도 커뮤니티 회원 열 명이 임신 기간 동안 같은 주차에 그런 증상을 겪었다고 말하면 안심이 된다. 이 기간에는 그것 말고도 걱정할 일들이 아주 많아서 이렇게나마 안심할 수 있는 것은 좋은 일이다.

하지만 관련된 주제에서 조금이라도 벗어나면, 그 즉시 '그들'이 나타난다. 바로 무자비한 엄마 경찰! 그들은 어떤 질문을 하든 조만간 그 질문 자체에서 아이의 안녕을 위협하는 요소를 찾아낸다. 한 번은 단순히 '재미'로 재택근무를 하면서 아기를 키우는 것과 엄마와 작가의 삶을 얼마나 잘 조화시킬 수 있을지에 관해 토론한 적 있다. 나는 실제 경험담들을 듣고 싶었을 뿐이다. 그러나 몇 가지 진지한 답변과 조언을 제외하면 분노와 이해 부족, 섣부른 판단의 물결이 나를 덮쳤다.

나는 순식간에 아이를 갖고 싶은 마음도, 아이를 제대로 돌볼 능력도 모두 부정당했다. 그나마 좋은 의도를 가진 사람들은 내가 잘못된 남편이나 잘못된 직업을 선택했다고 말했다. 답변을 읽는 내내 황당했다. 내 남편이 잘못되었다고? 어째서?

내 직업이 잘못되었다고? 흠, 이건 그럴지도 모른다.

어쨌든 아동 수당이나 육아 수당과 같은 재정 문제가 토론에 더해지자, 그즉시 모든 것이 끝났다. 결론은 '당신 같은 사람은 절대 임신하면 안 됩니다'였다. 온라인 커뮤니티에서는 대다수가 닉네임을 사용한다. 서로 이름도 모르는 사람들끼리 어떻게 이런 식으로 남을 판단할 수 있단 말인가?

아마추어 심리학자 관점에서 볼 때, 그 답은 간단하다. 이들은 지금 처한 상황이 만족스럽지 않다. 그래서 상황을 이렇게 만든 자신의 선택을 정당화할 필요가 있다. 아마 그들이 전에 한 선택은 아마도 맘에 들지 않는 선택이었을 테고, 그래서 더욱 공격적으로 방어하는 것이다.

더구나 이런 식의 판단이 노골적으로 표현되는 것은 인터넷이 제공하는 익명성 때문이다. 전혀 놀랍지 않은 일이다. 대화 상대가 닉네임 'Pixicut75'가 아니라 요가 수업에서 바로 옆 매트에 앉은 사람이라면 어떨까? 이와 비슷한 말을 그의 면전에 대고 직접 하기란 쉽지 않다. 하지만 Pixicut75라면 할 말, 못할 말의 기준이 훨씬 느슨해지기 마련이다.

온라인 세상은 종종 우리 앞에 거울을 대 주는 척하지만, 실상 우리가 보는 것은 알고리즘의 선택이다. 이런 온라인 세상은 마케팅 이익에 좌우되며, 무책임한 익명성이 지배함을 결코 잊어서는 안 된다. 특히 피플 플레저에게 온라인 세상은 곧 지뢰받이다. 수많은 악성 댓글, 특히 세상에 존재하는 모든 것과 모든 사람에 대해 내려지는 비정상적으로 빠른 판단의 속도가 내면의 조화와 마음의 평화를 공격한다.

당장은 SNS를 멀리하거나 오프라인 생활에 더 신경을 쓰는 방법도 있겠지만, 시간이 흐를수록 이런 디지털 생활과 거리를 두는 일 자체가 점점 더 어려워질 것이다. 특히 직장에서는 디지털 사용이 불가피하다. 게다가 무작정 멀리하기에 온라인은 오프라인 생활에서는 얻을 수 없는 수많은 기회를 제공하기도 한다. 결국 여기서도 메시지는 똑같다. 고민에서 도망치지 말고 일종의 철학적 시험대로 여겨라. 고민에 빠지는 것 자체를 끝없는 생각의 무한 루프를 끊는 도구로 여겨라.

구체적인 예시를 들어 보자. 온라인에서 악성 댓글을 받았을 때, 자신이 정말 잘못했는지, 그렇다면 무엇을 잘못했는지 같은 식으로 자문해서는 안 된다. 스스로 돌아보더라도 그 생각에 매몰되지 않도록 주의해야 한다. 이것은 자기반성을 하지 말라는 뜻일까? 그렇지만은 않다. 다만 단순히 자신의 약점이나 잘못을 찾는 대신 다음과 같이 물어야 한다.

이 낯선 사람의 판단이 왜 그토록 내게 중요하지? 이 사람은 왜 내게 상처를 줄까? 이 감정적 상황에서 통제력을 되찾으려면 어떻게 해야 할까?

이렇게 묻고 답하는 과정의 결과는 매우 다양하다. 사실 인터넷에서 쏟아지는 증오와 악의는 대부분 무시하는 것이 가장 좋다. 이런 것들은 우리에게 유의미한 자기반성을 제공하지 않는다. 하지만 종종 구두로 또는 필요한 경우 법적 조치를 통해 적극적으로 대응해야 할 때도 있다. 이럴 때는 충분히 고민해야만 적절한 대처법을 찾을 수 있다.

그러므로 고민에 빠지는 것 자체는 문제가 아니다. 오히려 그 반대다. 우리가 현명하게 고민한다면 삶에서 중요한 것이 무엇이고, 개인의 경계가 어디에 있는지 깨닫게 된다. 이를 통해 내면의 목소리와 외부의 메아리를 더 잘 구분할 수 있다. 만약 어떤 댓글이 우리를 고민에 빠트린다면, 다음과 같은 질문을 던져 볼 좋은 기회다.

내가 진정으로 원하는 것은 무엇일까? 이 상황에 나는 얼마나 많은 에너지를 쏟아야 할까? 아니면 차라리 다른 곳에 그 에너지를 쏟아야 할까?

이렇게 고민의 방향을 잡아 나갈 수 있다면 우리는 고민 앞에서도 무기력하지 않다. 쳇바퀴 돌 듯 정신없이 달리는 대신, 적당한 때에 힘들이지 않고 생각의 회전목마에서 내려올 수 있다. 디지털 공간은 현실 세계를 위한 일종의 훈련소가 될 수도 있다. 우리는 이 공간에서 유의미하고 고려해 볼 만한 의견과 앞길을 방해하는 해로운 독소 의견을 구분하는 훈련을 할 수 있다.

하지만 온라인에서 아무리 열심히 훈련해도 다음과 같은 의문에서 완전히 벗어나기란 어려운 일이다. 어째서 모두 다 나보다 훨씬 잘 사는 것 같지? 어떻게 완벽한 집과 휴가를 얻을 수 있고, 가정과 직장 사이 완벽한 조화를 이룰 수 있는 거지? 잘난 사람들은 어디에나 다 있다고 하는데, 정작 거울 속에는 없다. 다시 비교가 시작된다. 모든 것은 가짜고, 꾸며진 것에 불과하다고 아무리 자신을 설득하고 다독여도 SNS 속 보란 듯이 과시된 수많은 '완벽함'에 영향을 받을 수밖에 없다.

결국 "왜 나의 삶은 이들과 다를까?"라는 질문이 떠오른다. 생각 과잉과 관련하여 지금까지 여러 차례 확인했듯이 이 질문 자체에는 아무런 문제가 없다. 자기 자신을 모든 것의 절대적 기준으로 삼지만 않는다면 이런 질문은 오히려 성숙한 인품의 표시다. 이 질문을 기준으로 결정을 검토하는 것도 전혀 해롭지 않다. 필요하다면, 그리고 가능하다면 그 결정 중 일부를 수정하는 것 역시 분명 나쁜 선택이 아니다. 잘못된 관계, 잘못된 직장, 잘못된 도시에서 벗어나는 것은 행복으로 가는 최선의 길이 될 수 있다.

하지만 두 가지 장애물이 있는데, 바로 이 지점에서 생각의 쳇바퀴가 다시 세차게 돌아간다. 긍정적인 발전과 변화는 실제로 무언가가 일어날 때, 즉 우리가 정말로 행동할 때만 가능하다. 쳇바퀴에 갇혀 계속 생각만 하면 변화는 일어나지 않는다. 모든 일에 항상 자신을 탓하든 남을 탓하든 상관없다. 어차피 진실은 그 둘 사이 어딘가에 있다. 누구를 탓할 시간에 조금이라도 더 현명한 고민을 하는 것이 중요하다.

또한, 우리가 내리는 모든 결정은 주변 환경의 영향을 받기 마련이다. 아무도 진공 상태에서 살지는 않기 때문이다. 이것은 미국의 전 부통령인 카멀라 해리스Kamala Harris가 자주 인용했던 그녀 어머니의 말과 일맥상통한다.

너는 네가 어느 날 갑자기 코코넛 나무에서 그냥 뚝 떨어졌다고 생각하니? 너는 살아 온 모든 시간과 너보다 먼저 있었던 모든 맥락 속에 존재하는 거야.

이 말은 미국 대선 운동에서 큰 인기를 얻었다. 해리스의 어머니가 말하는 맥락은 추상적인 사회와 개개인을 둘러싼 구체적 환경 모두를 포함한다. 환경의 대부분은 우리 힘으로 어떻게 할 수 없는 경우가 많다. 그것이 우리를 생각의 쳇바퀴에 가두기도 한다.

하지만 다르게 생각하면 이 환경이란 우리가 결정한 '생각의 거주 환경'일 수도 있다. 현실 세계의 다가구 주택과는 달리 생각의 거주 환경은 어떤 사고방식과 더불어 살아갈 것인지 스스로 선택할 수 있다. 그러면서 어떤 문제들은 저절로 해결되기도 한다. 예를 들어 괴팍한 나의 엘리베이터 이웃은 이제 내 머릿속에서 이사를 나가고 없다.

철학적 생각 여정이 점점 중반부에 가까워지는 지금, 남은 것은 무엇일까? 우리는 생각이 많은 사람이 무엇을 고민하는지 이해했고, 우리도 이 범주에 속하는지, 속한다면 어느 정도 범주에 속하는지 자문하며 여정을 시작했다. 먼저, 모든 것에서 도망치는 현실 도피를 살펴보았다. 현실 도피는 실제보다 이론에서나 훨씬 효과적이고, 그래서 때로는 매우 이상한 결과를 낳기도 했다.

다음으로, 그럼에도 다른 사람 없이는 살 수 없다는 것을 깨닫고 사람들로 붐비는 보행자 전용 구역에 들어가 생각 과잉을 관찰했다. 그러면서 여러 철학자들과의 만남을 통해 타인의 존재가 자아에 어떤 영향을 미치는지 배웠다. 그리고 타인과의 관계에서 어떻게 생각 과잉에 빠지는지, 어떻게 벗어날 수 있는지도 살펴보았다.

이제 지금까지의 여행 경험으로부터 생각에 대한 더 깊은 결론을 도출하고, 이를 바탕으로 더 현명하게 생각하고 고민하는 방법을 탐구해 볼 시간이다. 딥 씽킹으로 가는 길은 결코 산책로가 아니지만 장담하건대 흥미진진한 모험이 될 것이다. 누가 이런 모험을 거부할 수 있겠는가?

THINK DEEP

4부

더 좋은 세상을 위한 생각

불행한 사회의
분노한 사람들

우리는 이제 늘 평화로운 호숫가 오두막에서만 머물 수는 없고, 모든 면에서 옛날이 더 나았던 것은 아니며, 대인 관계에서 여러 문제를 겪더라도 여전히 다른 사람들이 필요하다는 것을 알고 있다. 어쩔 수 없는 현실이다. 하지만 그렇다고 쉴 틈 없이 고된 현실을 정말 그대로 마주해야만 할까?

물론 30년 전에도 전쟁과 자연재해, 온갖 고통과 파괴가 있었던 것은 사실이다. 그런데도 재난 통계와 상관없이 우리는 바로 지금, 이 순간이 제일 큰 위기의 시대라고 느낀다. 객관적으로 볼 때, 실제로 세상은 나아지고 있다. 부유한 서구 사회뿐 아니라 전 세계적으로도 극심한 빈곤과 유아 사망률이 그 어느

때보다 낮고, 기대 수명은 사상 최고치를 기록하고 있다.[1]

하지만 기후 변화나 빈부 격차의 심화 같은 새로운 문제들이 나타난 것도 사실이다. 그리고 일상생활에 어두운 그림자를 드리우는 생활 밀착형 문제들도 있다. 붕괴하는 교량부터 필수 분야에서조차 나타나는 인력 부족까지 다양하다. 그러나 개인이 이런 문제들을 해결하기 위해 매일 자발적으로 고민하는 것은 사실상 불가능하다.

자기만 생각하지 않고 사회 전체를 본다는 점에서 이런 고심은 도덕적이고 어느 정도 의미도 있다. 하지만 구조적이고, 더 나아가 세계적인 문제를 개인이 바꿀 수는 없다. 그렇다면 조금 더 편안한 마음으로 살아도 되지 않을까? 뉴스 속보를 끄고 슬로 라이프를 실천하면서, 생태계와 지속 가능성을 위한 좋은 생각들을 하면서 말이다. 이렇게 살면 더 높이, 더 빨리, 더 멀리 가야 하는 고속도로와도 같은 삶에서 벗어날 수 있다. 그러면 그에 따른 후유증, 즉 '번아웃 증후군(Burnout syndrome)'이나 불안 장애, 그 외 여러 문제로 인한 치료 비용도 줄어들 것이다.

하지만 모두가 이렇게 산다면 사회와 공동체가 직면한 커다란 문제와 쟁점은 어떻게 해결해야 한단 말인가? 그러므로 우리에게는 사회 문제에 적극적으로 참여하면서도 그 때문에 정신을 소진하지 않는 방법이 필요하다. 오늘날 그런 유의 정신적 소진은 극단적으로 빠르게 일어나고 있지만, 그 사실조차 인식되지 못하는 경우가 많다.

예전에는 각자 마주하는 사회 문제 대부분이 주로 내가 사는 지역 안의 일이었고, 그 소식도 천천히 전달되었다. 하지만 현재 우리는 전 세계가 하나로 연결된 시대에 살고 있다. 세계 곳곳의 얽히고설킨 복잡한 관계를 무시할 수 없게 되었다. 이는 전 세계의 온갖 어려운 문제들이 실시간으로 사방에서 끊임없이 닥쳐오고 있으며, 모두 이것을 피하지 못하고 맞닥뜨려야 한다는 뜻이기도 하다.

특히 감당하기 어려운 것은 엄청나게 쏟아지는 정보량이 아니다. 정보가 전달되는 방식이야말로 우리를 힘들게 한다. 전달되는 정보 대부분은 분노를 자극하도록 설계되었다. 분노는 강력한 감정이다. 긍정적으로 본다면 분노는 행동의 동력이 되기도 한다. 예를 들어 불의에 맞서 싸우게 하는 좋은 동력으로 볼 수도 있다. 하지만 분노는 여러 가지 불쾌한 부작용을 초래한다. 끊임없는 분노는 사람을 지치게 한다.

이때 우리는 두 가지 방향으로 갈 수 있다. 첫 번째, 자극적인 정보에 점점 무뎌져서 장기적으로는 주변의 어떤 것에도 신경을 쓰지 않게 된다. 두 번째, 끊임없는 분노의 무한 루프에 갇혀 에너지를 소진할 뿐만 아니라, 무엇이 바리케이드를 쳐가면서 싸울 가치가 있는 것이고 무엇이 쓸데없는 호들갑인지 구별하여 우선순위를 정하는 능력을 잃게 된다.

사람은 아무것도 통제할 수 없다고 판단하면 흔히 분노와 동시에 무력감을 느낀다. 그리고 무력감은 좌절감을 불러일으킨다. 이는 파괴적인 행동과 냉소주의로 이어지기도 하고, 종종 과도하고 무분별한 분노 폭발로 이어지기도 한다. 이렇듯 분노는 불과 같아서 단기적으로는 활활 타오르며 에너지를 주지만, 장기적으로는 정신을 아예 태워 버릴 수 있다.

한쪽에는 예민함이, 또 다른 한쪽에는 과부하가 존재하는 긴장 상태가 이제 사회적으로 거의 일상이 되었다. 문제는 이 생각 과잉을 사회적 차원에서 어떻게 다루느냐다. 어떤 고민과 의문, 간헐적 분노가 절실하게 필요한 해결책으로 우리를 이끌어 줄까? 그리고 우리는 과연 어느 지점에서 잔뜩 흥분한 채 해결책으로 향하는 길을 스스로 막고 서 있을까?

무너진 공동체와
짓눌린 불안

현실 도피의 사례에서 이미 보았듯이 현실에서 벗어나는 것이 어떤 사람에게는 충분히 매력적인 해결책으로 보일 수 있고, 실제 그런 경우도 있다. 큰 재산을 상속받았거나 여행 예산이 넉넉한 특권층이 아니더라도 내가 가진 욕구를 최소한으로 줄이면 현실에서 벗어날 수 있다. 이론적으로는 일정 수준의 기본 소득과 안전만 보장된다면 자기만의 공간에 편안히 앉아 주변을 살피기만 하는 것도 충분한 현실 도피다. 하지만 모두가 그렇게 살 수는 없다. 각자의 방식으로 사회 곳곳의 문제를 책임져야 한다. 모두가 아는 당연한 말이지만 요즘 같은 때에는 아무리 반복해서 강조해도 부족하다.

프랑스 사회철학자 에밀 뒤르켐^{Émile Durkheim}은 19세기 말, 이미 노동 분업에 기반한 세계가 직면한 개인과 사회의 문제를 다루었다.

> 왜 개인은 자율성이 늘어나는데도 더 많이 사회에 의존하게 될까? 어떻게 하면 개인은 더 개인적이면서도 더 많이 연대할 수 있을까? 언뜻 반대인 것처럼 보이는 이 두 가지 움직임은 사실 서로 평행하다. 이는 부인할 수 없는 사실이다.[2]

뒤르켐은 현대 사회의 특징을 연대 방식의 변화로 본다. 예전에는 '기계적 연대'가 공동체를 하나로 묶었다면, 오늘날에는 '유기적 연대'가 그 자리를 대신한다. 뒤르켐이 말하는 기계적 연대란 가치와 규범이 구속력을 가지며, 이를 따르지 않을 때는 엄중한 제재를 받는다는 뜻이다. 이 경우 특정 도덕규범이 모든 사람에게 획일적으로 적용되고 전달될수록 억압은 더욱 효과적으로 작동한다.

현대 사회에서는 이런 기계적 연대가 약해지고 있다. 모두에게 공유된 도덕규범이나 가치가 없어서가 아니다. 무수한 경쟁과 그에 따른 사회경제적 발전으로 한때 공동체 안에 굳건히 자리 잡았던 가치 구조가 무너지고 있기 때문이다. 연대는 점점 더 일종의 계약, 즉 뒤르켐의 표현으로 노동 분업에 기반을 둔다. 모든 사람이 생존을 위해 모든 것을 생산할 필요는 없다. 자신의 몫이나 임무를 수행하면서 자연스럽게 삶의 필수 요소를 획득할 수 있다. 이런 사회 변화 속에서 사고방식도 집단주의적 사고에서 개인주의 사고로 전환된다.[3]

뒤르켐은 1893년 저서『사회분업론』을 통해 이런 주장을 펼쳤다. 하지만 백 년이 지난 지금도 그의 주장은 상당히 현실적이다. 현재 많은 서구 사회에서 나타나는 균열은 유기적 연대의 필수 조건인 노동 분업에 관한 약속이 더는 지켜지지 않기 때문이다. 완전히는 아니더라도 부분적으로 책임이 있다.

오늘날에는 교육, 노동, 납세 등 모든 의무를 다해도 사회 참여권과 비교적 안정적인 경제 기반을 확보하고 유지하기가 점점 더 어려워진다. 그러니 사람들이 이 체제에서 과연 장기적으로 좋은 삶이 가능할지 의문을 품는 것도 당연하다. 모두가 풍족한 삶을 사는 아메리칸 드림 같은 신화가 정말 가능한지 질문할 필요도 없다. 그것은 말 그대로 언제나 '신화'였다.

이런 문제는 훨씬 더 작은 규모에서 시작된다. 사회와 경제의 다양한 정책을 연구하는 베텔스만 재단의 연구진들은 다음과 같은 결론에 도달했다.

독일의 한 부모 가족 열 가구 중 네 가구가 빈곤 위기에 처해 있다. 점진적 완화에도 불구하고 이런 불안정한 상황은 지난

몇 년 동안 거의 변하지 않았다. 이때 한 부모는 대개 이미 취업 상태다.[4]

주로 여성이 심각한 빈곤 위기에 처해 있는데, 독일의 경우 한 부모 가족의 80퍼센트 이상이 여성이기 때문이다.[5] 뒤르켐의 설명에는 여성이 거의 등장하지 않는다. 언급하더라도 눈에 띄지 않을뿐더러 그가 여성을 언급할 때마다 차라리 언급하지 않았으면 좋았겠다 싶은 마음도 든다.

뒤르켐은 성별을 이유로 여성을 비사회적인 존재라고 본다. 그의 관점에서 볼 때 여성은 가족을 위해 가정에서 활동하는 것이 본성이고, 공적인 사회생활에는 기여하지 않는다. 그래서 과부처럼 남성 부양자가 없는 여성이 사회생활을 할 수밖에 없는 상황에 놓이면, 범죄 성향을 띤다고 그는 가정한다.[6]

이런 발언은 당연히 시대를 고려하여 이해할 필요가 있다. 하지만 동시에 이런 발언들은 우리 사회에서 끈질기게 이어져 온 특정한 태도를 드러낸다. 과부를 범죄자 취급하는 끔찍한 태도를 이야기하려는 것이 아니다. '돌봄'이라는 개념으로 포괄되는 모든 노동 활동을 싸잡아 무시하는 태도를 말하는 것이다.

돌봄 노동은 가사 외에도 자녀 양육과 가족 돌봄도 포함한다. 다시 말해서 전통적으로 신이 여성에게 부여했다고 여겨지는 일, 즉 모든 '여성의 일'을 포함한다. 여성의 일을 무시하는 것은 가부장제를 지탱하기 위한 가장 핵심적인 이데올로기다. 돌봄 노동은 보수가 없기 때문이다. 돌봄 노동이 없으면 가부장제는 유지될 수 없음에도 돌봄 노동은 철저히 무보수다.[7] 이 모든 것이 어쩐지 익숙하지 않은가? 이것이야말로 앞서 살펴본 트래드와이프 캠페인의 핵심이다.

코로나 팬데믹은 돌봄 노동이 사회에 얼마나 중요하고, 얼마나 불공평하게 분배되는지 여실히 보여 주었다. 독일에서는 원격 수업과 육아를 주로 여성이 담당했다. 직업이 있음에도 가정을 돌보기 위해 직장 업무는 뒷전으로 밀려나기 일쑤였다. 그렇지 않으면 지쳐 쓰러질 때까지 두 가지를 병행해야 했다. 반면 남성들은 그다지 달라지지 않은 사무실에서 그럭저럭 정상적인 직장 생활을 이어갈 수 있었다.[8]

뒤르켐이 지적했듯이 분업 사회에서 개인의 의존성은 사회적 계급에 따라 크게 차이가 난다. 다음 달 월세를 어떻게 내야 할지 고민하는 계급이 있는 반면, 그런 귀찮은 생각 따위는 간단히 무시할 수 있는 계급도 있다. 한 계급에서는 당연한 걱정이 다른 계급에서는 그저 평온한 일상을 방해하는 성가신 고민에 불과하다. 그들은 자기만의 공간으로 물러나 이렇게 말할지도 모른다. "그래, 어떤 사람들은 정말 힘들게 살지. 하지만 내가 뭘 할 수 있겠어?"

비좁은 자기만의 공간에 앉아 있으면 확실히 정신적으로 더 안락하긴 할 것이다. 하지만 모두가 정신적 안락의자에 파묻혀 있으면 사회는 굴러가지 않는다. 현재 유럽 전역의 선거 결과에서 확인할 수 있듯이 정치인들은 이런 기회를 놓치지 않고 재빨리 포퓰리즘 정치로 이용한다.

민주주의 체제는 모두가 적극적으로 정치에 참여하는 활발한 시민 사회에서만 제 역할을 한다. 이는 많은 정치인들이 온갖 연설에서 자주 강조하는 내용이다. 하지만 그런 것치고 정작 이 시민 사회는 종종 무관심 속에 방치된 것처럼 보인다. 민주주의와 시민 사회는 마치 당연히 존재하는 공기 같아서, 역설적으로 붕괴해야만 그 소중함을 깨달을 수 있다.

여러 정치 토론에서 시민 사회가 붕괴하는 원인으로 자주 지목되는 것 중 하나가 '정치 혐오'다. 일부는 이런 정치 혐오가 정치권이 시민들에게 충분한 설명을 제공하지 않거나 공개 토론이 잘못된 방향으로 진행되기 때문에 발생한다고 주장한다.

연대의 붕괴, 돌봄 노동의 무시, 정치 혐오에 이르기까지, 이 모든 역학은 아주 쉽고 당연하게 우리를 억압한다. 이런 분위기에서 우리는 감당하기 힘든 부담을 느낀다. 씨름해야 하는 문제들은 너무나 복잡해서 정치인들뿐 아니라 평범한 시민들까지 생각의 쳇바퀴에 갇히게 만든다. 이 모든 문제를 도대체 어떻게 이해해야 한다는 말인가? 하물며 평범한 시민들이 어떻게 이 문제를 해결할 수 있다는 말인가?

바로 여기서 사회적 차원의 생각 과잉이 등장한다. 이 경우 개인이 혼자 머릿속에서 고민을 되새기는 수준에 그치지 않는다. 공동체 전체가 일종의 정신적 과부하에 빠진다. 앞으로 나아갈 해결책을 찾는 대신에 많은 생각들이 분석과 분노와 체념의 끝없는 무한 루프에 갇힌다. 개중에는 그러다 뭐라도 하기 위해 행동주의로 뛰어들기도 한다.

언뜻 보면 행동주의가 체념한 무기력보다 나아 보이기도 한다. 만약 선거 다음 날부터 새로운 정부에 불만을 품었다고 해도 이론적으로 5개월마다 새 정부를 선출할 수 있으니 걱정할 일이 없다. 미디어 여론을 통해 수장 교체를 요구하고, 이를 통해 정권 교체를 기대해 볼 수도 있다.

하지만 이와 같은 미디어 여론의 활용이 종종 효과가 있다고 해서 만병통치약이 되지는 않는다. 특히 시민과 정치인들에게 허락되는 시간이 점점 짧아지고 있는 요즘은 더욱 그렇다. 많은 유권자들이 선거 일 년 전부터 해결책을 찾아야 한다는 큰 압박감을 느낀다. 그들은 마술이라도 부려서 뭐라도 생각해내려고 한다. 단기간에 해결할 수 있는 문제라면 괜찮을지도 모른다. 하지만 한두 번의 정권 교체로 해결되지 않고 지속되는 문제라면 계속되는 교체는 오히려 도움이 되지 않는다.

모든 의견이 동등하다는
위험한 착각

'공개 토론'이라는 단어를 들으면 내 안에 도사리고 있던 고민의 달인 림비 씨는 아주 예민해진다. 아마 흔히 요즘 세상은 피곤하게 따지는 게 많다며 불평할 때, 그 비난의 화살이 가장 먼저 향하는 곳이 공개 토론이기 때문일 것이다. 계속 살펴보겠지만, 공개 토론은 여러 면에서 공격의 대상이 된다. 게다가 때로는 앞뒤가 맞지 않는 모순적인 이유로 공격당하기도 한다.

밥 딜런^{Bob Dylan}은 그의 대표곡 「The Times They Are a-changin'」에서 '시대가 바뀌고 있으니' 돌처럼 바닥에 가라앉지 않으려면 헤엄치기 시작하라고 조언한다. 노벨 문학상 수상자인 그는 어쩌면 고대 그리스 철학자 헤라클레이토스

Heraclitus의 격언인 '모든 것은 흐른다'에서 이 구절의 영감을 얻었는지도 모른다. 두 구절 모두 세상이 끊임없이 변화한다는 시대를 초월한 깨달음을 전한다. 이 깨달음은 살짝 진부하게 들리고, 어떤 면에서는 실제로 그렇기도 하다. 하지만 얼마나 많은 사람들이 변화에 대처하는 것을 어려워하는지 살펴보면 진부하기는커녕 놀라울 따름이다.

예전에는 전혀 생각할 필요가 없었던 문제들을 이제는 깊이 생각해야 하고, 그 문제들 사이의 차이를 구별해야 한다니! 이를 탐탁지 않게 여기는 사람이 많을 수밖에 없다. 예를 들어 하리보 광고로 유명한 독일의 방송인 토마스 고트샬크Thomas Gottschalk는 자신의 책을 홍보하면서 요즘은 말하기 전에 생각해야 하는데, 본인은 그것이 몹시 짜증 난다며 떠들썩하게 불평하기도 했다.[9] 마치 생각한 다음에 말하는 것이 어른스러운 의사소통을 위한 최소한의 기준이 아니라 가당찮은 요구라도 되는 듯 말이다. 아무래도 고트샬크는 생각을 향한 자신의 분노가 응당 당연할 뿐만 아니라, 모두가 우러러봐야 할 숭고할 권리라도 된다고 생각하는 모양이다.

한때 독일의 토요일 밤을 장식하던 TV 스타 토마스 고트샬크가 오늘날 내뱉는 많은 말은 하나같이 시대에 뒤떨어진다. 하지만 그와 같은 의견을 가진 사람들이 분명 존재하고, 그래서 이 과거의 스타는 여전히 여러 곳에서 박수갈채를 받는다.

그 중심에는 사회적 정의를 지나치게 강조하는 '워크Woke' 문화에 반대하는 보수 진영의 흐름인 이른바 '안티워크Anti-Woke' 세력이 존재한다.

깨어 있음을 의미하는 워크라는 단어는 원래 사회의 부조리를 간과하지 말고 주의 깊게 살피자는 의미에서 사용되었지만, 이제는 일종의 정치적 구호가 되었다. 특히 차별적 사고방식을 가진 보수 및 극우 세력이 반대 진영을 비난하기 위해 주로 사용된다.[10] 고트샬크를 비롯해 그보다 훨씬 더 과격한 이 무리는 과거처럼 거리낌 없이 발언하기 어렵다며 분노를 표출한다. 이들의 분노는 특히 성 정체성이나 젠더 이슈에서 두드러진다.

예를 들어 보수 언론의 헤드라인만 훑어보면, 꼭 누가 어떤 팻말이 붙은 화장실을 사용하는지가 세상에서 가장 중요한 문제 같다. 정확한 젠더 중립 언어를 사용하는 일도 분명 중요하다. 하지만 기후 변화, 경제 위기, 전쟁 같은 문제에 비하면 언어 사용의 문제는 극히 지엽적인 문제다. 그런데도 일부 정치 세력은 이 언어를 전쟁터로 끌어들여 마치 젠더 중립 언어 사용을 지지하는 사람들이 나라를 말아먹기라도 하는 것처럼 과장하고 정치적 선동에 이용한다.

이성적으로 볼 때 당연히 터무니없고 우스꽝스러운 일이다. 젠더 중립 언어 사용을 지지하는 옹호자들의 개인적인 의견까지 부정하며 그 중요성을 축소하려는 것은 아니다. 그러나 그 어떤 진지한 시대사적 분석을 통해서도 인류의 흥망성쇠가 특정 언어 사용으로 결정된다는 결론은 도출할 수 없다.

젠더를 둘러싼 여러 주제는 여전히 논쟁의 중심에 있다. 이 책을 쓰는 동안에도 나는 젠더 중립적 언어를 사용해야 할지, 사용한다면 어떤 방식을 채택할지, 그리고 무엇보다도 어떤 결과를 초래할지 고민하지 않을 수 없었다. 어떤 독자들은 이를 환영하며 기꺼이 책을 집어들 수 있겠지만, 어떤 독자들은 구매를 꺼릴 수도 있다. 그리고 또 어떤 독자들은 지금까지 크게 신경 쓰지 않아서 전혀 인지하지 못하고 있다가 이제야 알아차렸을 수도 있다. 그러므로 작가인 나는 나 자신에게 묻지 않을 수 없다. 나의 선택이 내 책의 구매력에 어떻게 긍정적이거나 부정적 영향을 미칠까? 내용이 아니라 순전히 형식에 관한 질문이다. 솔직히 나는 이것이 생각 과잉이라고 여긴다. 하지만 현재의 논쟁이 이런 생각 과잉을 강요한다.

젠더에 대한 개인적 입장과는 관계없이 말해도 되는 것과 말해서는 안 되는 것을 둘러싼 논쟁은 사회적 차원의 생각 과잉에 대해 몇 가지 흥미로운 측면을 보여준다. 변화에 회의적인 사람들이 자주 언급하는 중요한 주장 중 하나가 자유다. '누구든 하고 싶은 말은 할 수 있어야 한다'와 같은 주장이 현재는 거의 관용구처럼 사용된다. 이런 주장을 펼치는 사람들에게 애초에 정말 그들의 자유를 위협하는 공격이 있었는지 같은 것은 중요한 문제가 아니다. 이들은 대개 방어에만 급급하다.

또한, 이들은 인종차별적 용어 금지뿐 아니라 젠더 중립적 언어 또는 사회적으로 민감한 기타 모든 주제에 예민하게 반응한다. 그러나 사실상 이런 언어 활용에 관한 규정은 전혀 없거나 매우 제한된 범위에서만 존재한다. 물론 특정 표현은 모욕, 차별, 또는 최악의 경우 혐오를 조장하는 범죄로 간주한다. 그러나 본질적으로 독일에서는 누구나 '거의 모든 것'을 말할 자유가 있다. 모든 사람이 이런 자유에 박수를 보내는 것은 아니지만, 그것은 또 다른 문제다. 어쨌든 여기서 다룰 요점은 생각 과잉을 근거로 들어 특정 언어 사용자를 예민하다며 비난하기도 한다는 사실이다. 그리고 어처구니없게도 이런 비난은 어느 한쪽 입장에 국한되지 않는다.

다시 워크와 안티워크를 예로 들어 보자. 한쪽에서는 워크 운동을 비판한다. 워크 운동 때문에 모든 정체성을 포괄하려다 보니 복잡한 신조어들이 쏟아져 나온다. 누군가 내뱉은 말의 아주 미세한 뉘앙스까지 예리한 시선으로 샅샅이 파헤치며, 조금이라도 실수하거나 부적절한 발언을 할 경우 가혹한 공격이 쏟아진다. 단순 공격을 넘어서 사회적으로 매장하는 '캔슬 컬처 cancel culture'까지 성행한다. 특히 이러한 비난은 소셜 미디어 특유의 빠른 전파 속도와 결합하여 때때로 한 사람의 존재 자체를 파괴하기도 한다.

하지만 이런 워크 운동을 비난하는 내용을 요약하면 대략 이렇다. 몇몇 사람이 베를린에 있는 채식주의 셰어하우스에서 무언가를 떠올린다. 이제 그들은 그들이 떠올린 미친 생각 과잉에 빠져, 개혁할 것이 전혀 없는 세상을 개혁하려고 든다. 이 사태의 해결책은 미친 채식주의자들이 생각을 멈추고 현상 유지를 받아들이는 것이다. 생각만 멈추면 된다. 결국 모든 것은 '깨어 있는 사람들'의 헛소리다. 고작 이런 식으로밖에 비판하지 못하는 것이다.

그리고 다른 한쪽에는 안티워크 운동에 대한 비판이 있다. 대부분 안티워크 추종자들은 늘 그래왔던 것처럼 모든 것이 그대로 유지되기를 바라고, 생물학적 성별처럼 변하지 않으므로 논쟁의 여지가 없는 것들이 존재한다고 확신한다. 이런 사람들은 회색 영역 자체를 도발로 여긴다. 회색 영역에는 불분명하여 명확한 분류가 불가하고 생각하기가 어려운 문제들이 있기 때문이다. 많은 사회 신경 과학 연구에 따르면 회색 영역에 있는 이 문제들은 '피곤한 문제들'이다. 그렇다면 개인은 이런 문제들을 어떻게 인식할 수 있을까? 개인의 인지 성향이 정치적 태도를 결정한다고 보는 연구도 있다.

보수주의자들은 확실성과 명확성, 명확한 정치 구호를 선호하는 경향이 있다. 진보주의자들은 모호함을 훨씬 잘 수용하고 처리할 수 있다. 이들은 전측대상피질에 회색질이 더 많다. 전측대상피질은 모호함을 담당하는 뇌 영역이다.[11]

정치학자 리야 유^{Liya Yu}는 관용이 신경학적으로도 고된 일이라고 주장한다. 하지만 바로 그런 지적 도전이 우리를 정신적 안전지대에서 끌어내고, 곧 진보의 원동력이 된다. 그러니 자칭 '깨어남 파괴자'들에게 이렇게 말해 주고 싶다. 이제 그만 눈을 뜨고 이 세상에 대한 기본 개념과 이해를 더욱 넓혀 보길 바란다. 이쯤에서 내가 어느 쪽으로 더 기울어져 있는지는 명확하다. 하지만 이 논의에서 나의 성향은 전혀 중요하지 않다. 그보다 훨씬 흥미로운 것은 생각과 생각을 향한 분노가 생각 과잉이라는 비난으로 포장되어 양방향으로 악용되고 있다는 점이다.

점점 더 양극화되는 사회를 고려할 때, 무엇보다 중요한 단 한 가지 질문이 있다. 이 상황에서 도대체 어떻게 벗어날 수 있을까? 생각을 차단한 채 과거에만 매달려 있으면 미래로 나아가는 능력을 상실한다. 마찬가지로 완벽한 존재들이 사는 유토피아가 주는 편안함만을 느끼고, 그 편안함 속에서 생각의 무한 루프에 갇혀 있는 것 역시 별다른 효용이 없다.

결국 해결책은 모든 태도를 조금씩 다 갖추는 것이다. 먼저 충분히 고민하고 그다음 행동한다. 숙고하는 것만으로는 충분하지 않다. 어느 시점에서는 구체적인 조치가 뒤따라야 한다. 그렇지 않으면 이런 숙고는 정말 생각 과잉에 불과하다. 생각과 실천이 서로 충돌하더라도 둘 다 필요하다.[13] 생각이 효력을 발휘하려면, 언젠가는 반드시 행동으로 바뀌어야 한다.

정체성 담론을 둘러싼 논의를 잠깐 살펴보았는데, 아마도 역시 공개 토론은 대체로 비생산적이라는 생각이 들지도 모른다. 애초에 이런 문제는 공개 토론으로 해결되지 않는다. 실제로 학부모 및 교사 회의, 동호회 또는 지방 의회에서 논의가 제자리만 맴도는 순간을 모두가 경험했을 것이다. 모든 주장이 다 나온 것 같아도 금세 새로운 주장인 척하며 같은 말이 되풀이된다. 이런 현상은 다음과 같은 원칙에 따른다.

모든 것이 얘기되었다.
하지만 아직 모든 사람이 얘기한 것은 아니다.

누군가는 이 원칙이 미치도록 짜증스러울 수 있다. 최악의 경우 환멸을 느껴 자원봉사나 시민 참여 자체를 멀리할 수 있다. 그렇더라도 반복은 의견을 형성하는 과정에서 중요한 역할을 한다. 이제야 비로소 우리는 생각 과잉의 대안, 즉 현명하게 고민하기에 도달했다.

토론에서는 반복, 비판적 반론, 반복적인 재확인을 거쳐 이미 논의된 내용을 재검토하는 모든 과정이 매우 중요하다. 이 모든 것은 예상치 못한 타협안을 도출하거나 이전에는 드러나지 않았거나 제대로 거론되지 않았던 측면을 재조명하는 등 여러 긍정적인 효과를 가져올 수 있다.

하지만 주의 깊게, 아니, 더 정확히 말하면 신중하게 반복할 때만 이런 긍정적인 효과를 얻을 수 있다. 끊임없는 반복이나 특별한 위치 설정은 공개 토론에서도 '허위 균형'을 만들어낼 수 있다. 허위 균형의 특징은 개인이나 소수의 의견이 다수의 의견과 동등하게 취급된다는 것이다. 근거가 없거나 의심스러운 주장이 사실에 기초한 진술과 동등한 위치에서 대립하게 될 때 특히 문제가 된다.

1990년대 후반, 세계를 뒤흔든 영국의 의사 앤드류 웨이크필드Andrew Wakefield가 대표적인 사례다. 웨이크필드는 홍역, 볼거리, 풍진 같은 예방 접종이 자폐 스펙트럼을 유발할 수 있다는 사실을 연구로 확인했다고 주장했다. 그의 연구는 누가 보더라도 빈약하기 그지없었다. 하지만 언론은 이 주제를 다방면으로 다뤘다. 백신이 공중 보건에 꼭 필요하다는 주류 견해를 반박하는 주장이라도 '공정하게' 기회를 제공해야 한다는 생각 때문이기도 했다. 웨이크필드의 데이터는 시간이 흘러 결국 가짜로 밝혀졌다. 하지만 이미 많은 피해가 벌어진 후였다.

오늘날까지도 그의 '연구 결과'가 어디까지 진실인지 알 수 없다는 소문이 끊이지 않는다. 예방 접종을 반대하는 사람들은 이 소문을 반복해서 언급하며, 웨이크필드의 연구 결과가 타당하고 과학적이라고 주장한다. 예방 접종과 자폐 스펙트럼의 연관성 증거를 찾지 못한 수많은 다른 연구들과 마찬가지로 그저 분석 결과가 다를 뿐이라는 것이다. 이 사건에서 기계적으로 균형을 맞춘 언론 보도는 피해에 대한 책임을 피할 수 없다. 언론은 마치 웨이크필드의 의학 연구를 둘러싼 논의가 정당한 갈등인 것처럼 비추었고, 허위 균형을 만들어 냈다.[14]

이 지점에서 내 안에 있는 림비 씨가 목을 가다듬고 비판적인 말투로 이렇게 묻는다. "그래서 생각이 너무 많은 우리에게 이게 무슨 의미인데?" 솔직히 그다지 좋은 대답은 아니지만, 우리에게는 허위 균형을 넘어 진정한 균형 잡기가 필요하기 때문이다.

깊이 생각하지 않고 몇몇 주장에 온전히 판단을 의지할 수 있다면 훨씬 편할 것이다. 하지만 안타깝게도 공개 토론에서는 면밀하게 살펴봐야 할 것이 많다. 영향력 있는 개인의 의견, 특히 저명인사의 의견 같은 경우에는 더 크게 들리고, 더 큰 반향을 일으킨다. 그러면서 허위 균형을 더욱 악화시키기도 한다. 이럴 때는 설령 명백한 사실이 눈앞에 드러나 있어도 실제 세상이 어떻게 돌아가는지 정확한 판단을 내리기 매우 어렵다.

예를 들어 2024년 독일 연방 의회 선거 운동을 살펴보자. 당시 총리 후보였던 프리드리히 메르츠^{Friedrich Merz}는 낙태를 범죄로 규정한 비스마르크 시대의 형법 제218조를 이제는 영구적으로 폐지해야 하지 않겠냐는 질문에[15] "심각한 사회적 갈등을 야기할 것"이라고 대답했다.[16] 그러나 이 주제에 관한 신뢰할 만한 설문 조사 결과를 보면 그런 갈등을 우려할 근거는 전혀 없다. 70퍼센트가 넘는 압도적 다수의 시민이 임신 초기 12주 이내의 낙태는 기본적으로 허용되어야 하며 범죄가 되어서는 안 된다는 의견이었다.[17]

이 사실이 언론에 여러 번 언급되었음에도 메르츠가 주장한 '잠재적 갈등'이라는 추측에 가까운 전제는 무너지지 않았다. 오히려 어느 정도 사실로서 논의되었다. 당장 실제로 갈등 위험이 없더라도 사회적 통합을 옹호하는 발언이 "나와 우리 당은 낙태법 폐지를 원치 않는다"라고 진술하는 것보다 더 적절하고 진지하게 보이기 때문이다. 하지만 폐지를 원치 않는다고 진술하는 것이 더 솔직한 자세일 뿐만 아니라 아마도 뜻이 같은 지지자들에게 더 많은 공감을 받았을 것이다.

합의된 의견은 무엇이고, 개인의 의견은 무엇인가? 입증된 사실은 무엇이고, 허위 사실은 무엇인가? 끊임없는 질문은 성찰적인 삶에 필요한 괜찮은 경험이다. 하지만 생각이 너무 많은 사람에게는 위험하기도 하다. 그들은 원래 모든 일을 지나치게 되새기며 고민하는 경향이 있다. 특히 최근 허위 균형의 사례들이 밝혀지면서 그들의 끊임없는 생각은 더욱 확고해졌다. 그들은 뉴스를 읽으며 중얼거린다. "요즘은 아무도 믿을 수가 없어……."

이 중얼거림은 모든 생각의 쳇바퀴에서 터보 엔진 역할을 한다. 그러므로 여기서도 다시 외칠 수밖에 없다. 현명하게 고민하자! 더 구체적으로는 확고한 사실에 기반하여 의견을 형성한 다음, 생각의 쳇바퀴에서 내려오자. 우리가 이성을 현명하게 사용하고 신뢰할 만한 판단을 내리는 데 익숙해질수록 생각의 무한 루프에 갇히는 일은 줄어든다. 사실이 바뀌더라도 우리는 그것이 판단과 상황을 어떻게 바꾸는지 언제든 다시 평가할 수 있다. 그러면서 우리는 계몽주의를 주창한 임마누엘 칸트^{Immanuel Kant}로부터 이런 격려도 받을 것이다.

자신의 이성을 사용할 용기를 가져라!

"그냥 해!"라는 외침이 무책임한 이유

앞서 살펴본 것처럼 공개 토론에서 우리는 적극적으로 정보를 얻고, 의견을 형성하고, 투표를 통해 적절한 결정을 내리거나 더 나아가 직접적으로 사회에 참여하면서 대책을 마련하기도 한다. 하지만 아무리 생각해 봐도 해결책이 없어 보이는 상황이 벌어질 때도 있다. 관료주의가 그런 답 없는 상황의 고질적인 사례 중 하나다.

거의 모든 독일의 선거 공약에서 관료주의 축소가 언급되지만, 여전히 관공서는 팩스를 쓴다.[18] 독일은 규제의 늪에 점점 더 깊이 제 발로 빠져들고 있다. 공항이든 기차역이든, 베를린이든 슈투트가르트든, 독일의 어디를 가든 똑같다. 많은 독일인들이 그 늪에서 헤어 나오려고 열심히 허우적대지만, 결과는 아주 형편없는 수준이다.

대표적인 사례로 2024년 유럽 축구 선수권 대회 기간 동안 발생했던 기차 운행 중단 사태가 있다. 당시 유럽 전역에서 온 손님들이 독일 철도의 현주소를 생생하게 경험하고 경악했다. 《파이낸셜 타임스》는 '여행 지옥'이라는 헤드라인을 보도했고, 오스트리아 팬들은 붐비는 플랫폼에서 "독일 철도는 정말 엉망이야"라고 노래까지 불렀다.[19] 심지어 《뉴욕 타임스》조차도 '독일의 시간 엄수와 효율성에 대해 그동안 알고 있던 모든 지식을 버려야 한다'고 썼다.[20]

물론 좀 더 구체적으로 생각하고 계획한 다음 개혁을 추진한다고 해서 나쁠 것은 없다. 하지만 다른 한편으로는 수많은 고려 사항과 끝없는 승인 절차, 복잡한 규제에 붙은 각주들이 마치 늪처럼 느껴질 때가 많다. 빠져나오려 안간힘을 쓸수록 더 깊이 빠져들고, 그럴수록 운신의 폭은 점점 더 줄어든다.

튀빙겐의 시장인 보리스 팔머Boris Palmer는 정책의 내용보다도 그것을 전파하는 소란스러운 방식으로 더 유명하다. 그는 수많은 인터뷰에서 고속도로 나들목의 빈터에 태양광 패널을 설치할 수 없는 것이 시장으로서 얼마나 답답한 일인지 끊임없이 토로한다. 승인 절차가 수년이 걸린다고 불평하고, 교통량이 많은 고속도로 녹지 공간을 동식물 서식지로 보존하는 것도 장애물로 여긴다. 내가 그의 주장을 너무 비약하는 것일 수 있다. 그렇더라도 독일 사회가 이렇게 아주 드물지만 간단하게 해결할 수 있는 상황조차 전혀 간단하지 않은 일로 만들고, 동시에 당장 실행할 수 있는 해결책조차 없는 지독한 관료주의 사회라는 사실을 거듭 일깨우는 것은 독일인에게 좌절감을 안겨 주기에 충분하다.

물론 혁신 부족과 고질적인 개혁 정체에 따른 절망은 민주주의 체제가 작동하는 데 결코 사소한 문제가 아니다. 독재 체제에서는 불만이 당근으로 무마되거나 채찍으로 잔혹하게 진압되는 반면, 민주주의에서는 시민이 체제의 변화 가능성과 낙관적인 미래를 믿어야만 불만이 해소된다. 만약 시민들이 이런 신뢰와 희망을 잃거나 심지어 다음 선거에서도 아무런 개선을 기대할 수 없다면, 결국 사회 전체는 불안에 떨게 될 것이다. 비단 독일에만 국한되는 이야기는 아니다.

어쨌든 상황이 이렇다 보니 어느 순간 규정 같은 것은 아예 없는 편이 더 낫겠다는 생각이 드는 것도 당연하다. "그냥 해!"라는 구호를 무작정 따르고 싶어지기도 한다. 물론 그런 유의 행동주의자 전성기는 이미 수십 년 전에 지나갔다. 당시 유럽 행동주의의 대표 주자는 독일 제7대 총리 게르하르트 슈뢰더Gerhard Schröder와 영국 제73대 총리 토니 블레어Tony Blair였다. 둘다 정치적으로는 좌파 성향이 강했지만, 자기 자신을 '새로운 행동주의자'로 내세웠다.

이 두 사람에 의해 놀라운 신자유주의 정책이 탄생했다는 사실도 역사적 모순처럼 보일 수 있다. 하지만 구체적 조치가 시행되었든 아니든 "마침내 무엇인가가 진행되고 있다!"라는 호소는 매우 강력한 흡입력이 있었다. 빠른 개선을 약속하는 것은 장기적 비전보다 당연히 더 매력적이다. 특별히 조급한 사람만이 그렇게 느끼는 것이 아니다. 그러나 규모가 커지고 구조가 복잡해질수록 빠르고 긍정적인 변화는 점점 더 어려워진다.

그렇다면 다음과 같은 결론에 이를 수밖에 없다. 차라리 작은 규모에 머물며 스스로 해결책을 찾아 나가는 것이 낫다. 거대 정치가 느리다고 해서 내 삶까지 꼭 느릴 필요는 없다. 나의 힘으로 나의 삶을 바꾸고 개척하는 것이다. 마침내 막이 오르고, 빛나는 '자수성가 신화', 즉 무엇이든 스스로 해결하기라는 해결책이 무대에 등장한다. 오늘날 우리의 유튜브 알고리즘을 가득 채우며 재테크 팁과 비즈니스 영상을 쏟아내는 이들은 자수성가 신화와 똑같은 메시지를 던진다. "내버려 두세요! 생각을 멈추고 그냥 하면 됩니다!"

완전히 틀린 말은 아니다. 세상이 나를 위해 모든 문제를 해결해 줄 때까지 기다리기만 하는 것은 어리석다. 특히 비즈니스가 아니라 시민 참여에 관한 문제일 때, 불의를 바꾸려는 개인의 의지가 없으면 우리 사회는 상당히 암담해질 것이다. 하지만 여기서 말하고자 하는 것은 자수성가의 긍정적인 측면이 아니다. 간과하지 말아야 할 중요한 점은 자신을 충분히 믿기만 하면 무엇이든 해낼 수 있다고 사기를 치는 사람들이 있다는 사실이다.

이런 긍정적 메시지는 언뜻 보면 격려 같지만, 개인의 내면에서 아주 빠르게 독으로 바뀐다. 모든 것이 나에게 달려 있다는 말은 다르게 하면 성공하지 못했을 때, 상황이 아니라 순전히 나에게 책임이 있다는 뜻이기 때문이다. 그러나 모든 책임을 개인에게 돌리기에 경력이나 재산과 관련된 자수성가 신화는 상당히 기만적이다. 물론 아무것도 없는 상태에서 엄청난 부와 성공을 거둔 사람도 있다. 하지만 그들은 명백한 예외다.

예를 들어 인내심은 애플의 스티브 잡스^{Steve Jobs}가 전 세계 테크 기업의 전설로 떠오르는 데 확실히 중요한 요소였다. 하지만 수많은 우연의 일치도 분명 영향을 미쳤다. 적절한 시기에, 적절한 장소에 있는 것은 인생에서 결코 과소평가할 수 없는 측면이다. 하지만 단지 눈에 보이지 않고, 무엇보다도 통제할 수 없다는 이유로 우리는 종종 그런 우연을 무시한다. 인내심을 기른다고 해서 누구나 스티브 잡스가 될 수는 없다.

개인이 통제할 수 없는 것이 하나 더 있다. 바로 태어난 사회적 환경이다. 이것도 마찬가지다. 어마어마한 부를 축적한 것으로 유명한 독일의 인기 코미디언 펠릭스 로브레히트^{Felix}

^{Lobrecht}는 사실 베를린 빈민 단지 출신이다. 그는 계급을 극복한, 그야말로 자수성가의 아이콘이다. 그렇다면 펠릭스처럼 신분 상승에 성공하지 못한 사람들은 개인적인 능력이나 노력이 부족했기 때문일까? 오직 부족한 자신을 탓해야 할까? 이는 독일의 구조적 차별, 특히 다른 선진국과 비교했을 때 현저히 높은 교육 불평등을 완전히 무시하는 기만적인 주장이다.[21]

이렇듯 기존의 특권을 가리고 성공 신화만 화려하게 꾸며내면 상황은 더욱 불공평해진다. 세계적으로 가장 뜨거운 셀러브리티 킴 카다시안^{Kim Kardashian}이 대표적인 사례다. 2022년 한 인터뷰에서 그녀는 성공 비법을 알려달라는 요청을 받았는데, 다음과 같이 답해 큰 논란에 휩싸였다.

> 앉아서 빈둥대지 말고, 일어나서 일하세요. 요즘은 일하고 싶어 하는 사람이 아무도 없는 것 같아요. 일하고 싶어 하는 사람들과 어울려야 해요.[22]

카다시안의 말은 곧 성공하려면 노력하라는 말이다. 사실 이 말 자체로는 아무런 문제가 없다. 이 말에 담긴 세대 비난 역시 언론이 Z세대를 논할 때 흔히 언급하는 내용이다. 하지만 젊은 세대가 일하기 싫어하는 현상을 명확히 뒷받침하는 연구 결과는 아직 없다. 카다시안의 발언이 논란이 되고 많은 사람에게 상처를 준 것은 성공하지 못한 사람들을 그저 게으르고 충분히 노력하지 않은 사람으로 만들어 버렸기 때문이다. 이것은 자신과 가족을 부양하기 위해 하루하루 고생하며 힘겹게 살아가는 모든 사람에게 크나큰 모욕이다.

게다가 카다시안은 자신과 가족의 성공이 마치 높은 직업윤리 덕분인 것처럼 말했다. 하지만 이는 절반만 진실이다. 당연히 그녀의 눈부신 성공이 어느 날 하늘에서 뚝 떨어진 것은 아니다. 그녀는 성공하기 위해 수많은 성형 수술, 다이어트, 혹독한 운동을 견뎠다. 게다가 전 세계 인구의 절반이 끊임없이 보내는 비판적 시선은 결코 공원 산책처럼 편안하지 않을 테고, 그런 시선을 받으며 살고 싶은 사람도 없을 것이다. 게다가 카다시안과 같은 여성 기업가들은 여전히 여성 혐오와 편견의 장벽에 직면해 있다.

하지만 킴 카다시안의 발언에는 카다시안 패밀리의 중요한 측면이 빠져 있다. 성공의 토대를 마련한 가족 리얼리티 쇼가 시작되기 전부터 이 가족은 소외 계층과는 거리가 멀었다. 아버지 로버트 카다시안^{Robert Kardashian}은 유명한 변호사로, 세계에서 가장 유명한 형사 재판 중 하나인 O. J. 심슨 사건 재판에도 참여했었다. 그뿐만 아니라 로버트는 유명인들이 집을 드나들던 수완 좋은 사업가이기도 했다. 킴 카다시안의 어머니 크리스 제너^{Kris Jenner}의 두 번째 배우자인 케이틀린 제너^{Caitlyn Jenner}

역시 잘 나가는 광고 스타였다. 모든 것이 킴 카다시안을 스타로 만들기에 부족함 없는 조건이었다.

일하고 싶어 하는 사람과 어울리라는 마지막 문장 역시 많은 비난을 받았다. 자신과 마찬가지로 긍정적 직업 윤리를 가진 사람들과 어울리라는 요구는 서구에서 고가로 팔릴 카다시안의 다양한 브랜드 의류를 생산하는 저임금 국가의 노동자들을 조롱하는 것처럼 들렸다. 의류 생산으로 생기는 이윤은 실제 열심히 노동하는 하청 업체의 노동자보다 고용주인 카다시안의 재정적 성공에 훨씬 더 많이 기여하기 때문이다. 과연 윤리적이라고는 볼 수 없는 사업 구조다.

이런 발언이 오늘날 더는 묵묵히 수용되지 않는다는 것은 기쁜 소식이다. 생각이 너무 많은 사람에게는 특히 더 좋은 일이다. 독이 될 정도로 '초 울트라' 긍정적인 발언은 감정의 들불을 지피는 완벽한 불쏘시개 정도에 불과하다. 지나치게 긍정적인 발언을 들으면 나처럼 생각이 너무 많은 사람은 곧바로 다음과 같은 질문들을 하게 된다. 다른 사람들은 잘 해내는데, 왜 나는 할 수 없는 걸까? 내가 뭔가 잘못하고 있는 걸까? 운명의 여신이 나를 외면하는 걸까?

운명의 여신을 탓하는 것은 자책의 반대이긴 하지만, 그럼에도 똑같이 위험하다. 운명을 탓하면 자신은 완전히 무고하다는 자기 연민에 쉽게 빠진다. 그러면 행동이나 변화를 위한 용기를 내기가 어렵다. 그 반대도 마찬가지다. 모든 실수를 자기 탓이라고 생각해 버리면 끝없이 자책할 만한 잘못을 찾아내고, 수많은 단점에 절망하여 결국 통제 불능의 비생산적인 행동주의나 절망에 빠지게 된다. 두 경우 모두 유쾌한 상황이 아니다. 그러므로 여기서도 반대로 생각해 봐야 한다.

스위스 출신의 철학자 라헬 예기^{Rahel Jaeggi}가 바로 이 반대로 생각하는 가능성을 제시한 사람이다. 먼저, 그녀는 자본주의 비판을 제안한다. 이는 많은 사람의 머리카락을 쭈뼛 서게 하는 주장이다. 자유주의자들의 귀에는 그녀의 주장이 사회주의나 동독의 사회주의통일당(SED) 당사의 회색 콘크리트를 연상시킬 뿐만 아니라, 누군가 당장이라도 베를린 장벽을 다시 쌓겠다고 선언하는 것처럼 들릴 것이다. 그러나 예기의 관심은 자유의 제한이 아니라 잃어버린 자유의 회복에 있다.

자본주의가 되뇌는 주문 중 하나가 바로 오직 노력과 근면만이 열매를 맺는다는 것이다. 만약 이것이 사실이라면 독일의 경우 재정적 관점에서 전체 인구의 하위 50퍼센트는 완전한 패배자라는 뜻이 된다. 그들은 전체 부의 2.3퍼센트만 소유하고 있기 때문이다. 반면에 상위 10퍼센트가 전체 부의 60퍼센트를 차지한다는 점을 떠올리면 이 구호는 더욱 의미심장하다.[23] 그렇다면 인구의 절반은 아무것도 하지 않는 게으른 무리고,

소수의 상류층만이 부를 창출하는 가치 있는 존재란 말인가?

장담하건대 지독한 신자유주의 신봉자라고 하더라도 경제적 성공이 오로지 개인의 야망과 능력에 달려 있으며, 인구의 절반은 그런 능력을 전혀 갖추지 못했다고 진지하게 믿을 사람은 아무도 없다. 이런 현실을 고려할 때, 어떤 사람은 좌절감에 포기하고, 어떤 사람은 혁명을 외치고, 그 사이에 있는 대다수는 일상의 쳇바퀴에 갇혀 뭔가를 요구할 엄두도 내지 못하는 것도 당연한 일이다.

예기의 접근 방식은 이러한 고전적 이분법을 넘어선다. 그래서 흥미롭다. 그녀는 경제와 사회를 각각 다른 영역으로 분리하지 않고, 두 영역이 좋을 때나 나쁠 때나 항상 서로 얽혀 있다는 점을 강조한다.[24] 즉, 근본적인 개선을 원한다면 두 영역 중 하나만 다뤄서는 충분하지 않다는 뜻이다.[25]

현대 대중문화를 잠깐만 살펴보더라도 사적인 영역이 한때 얼마나 심하게 경제의 지배를 받았는지 알 수 있다. 그와 반대로 오늘날에는 자기 최적화 산업이 호황을 누리며 사적인 영역이 경제를 지배한다. 점점 더 많은 사람이 불확실한 세상에서 통제권을 유지하려 애쓰기 때문이다. 이런 움직임의 목표는 '세상의 흐름을 바꿀 수 없지만, 노력만 한다면 적어도 내 몸과 정신은 얼마든지 통제할 수 있다'는 확신을 주는 것이다.

운동과 건강한 식단, 마음 챙김 등 철저한 자기 관리 자체가 문제라는 말은 아니다. 하지만 신체적, 정신적으로 자신을 최적화하기 전에 먼저 내 삶의 진짜 동기가 무엇인지 자문해야 한다. 자기 관리의 목표가 지구화된 세상의 불확실성에 맞서 싸우는 것이라면 결국 실패할 것이다. 우리 몸은 반드시 늙는 다. 그러면서 개인에 따라 많고 적은 문제를 겪겠지만, 이조차 도 매우 제한적인 범위 내에서만 영향을 미칠 뿐이다. 그리고 어떤 형태로든 개인의 사고방식을 강제로 바꾸어 완벽한 미래 를 만들어낼 수 있다고 믿는 것은 산타클로스를 믿는 것만큼이 나 허무맹랑하다.

반면에 체제 문제는 양상이 다르다. 예기는 왜 자본주의가 지배하는 이 세상을 그저 체념한 채 받아들일 수밖에 없는지 의문을 제기한다. 어떤 사람들은 공산주의와 사회주의 정권은 실패했고, 자본주의 말고 마땅히 다른 대안도 없어 보인다고 생각한다.

그렇기에 오늘날 예기처럼 자본주의가 영구적으로 지속 가 능하지 않다고 주장하는 사람은 곧바로 대안을 요구하는 질문 에 직면하게 된다. 이런 질문은 대개 정말 대안이 궁금하다기 보다는 상대를 이상주의자라며 비난하고 싶을 때 튀어나온다. 이때 완벽하게 특허받은 해결책을 제시하지 못하면 금세 부정 적 의미의 유토피아주의자로 전락하고 만다.

하지만 예기의 목표는 이상적인 사회 모델을 제시하는 것이 아니다. 다만 현재 상황을 자체적인 기준에 따라 끊임없이 검토하고, 단계별로 변화를 이끌어 내는 것이다. 따라서 예기의 구호는 '체제 전복'이 아니라 '체제 내 자기성찰'이다. 예기의 접근 방식은 상당히 영리한 사고 활동이다. 이런 방식의 사고 활동으로 우리는 현실 도피 없이도 비생산적인 생각의 무한 루프에서 벗어날 수 있다. 특히 일상에서 매 순간 너무나 쉽게 절망하는 현상에 맞설 수 있다. 사회적 변화라는 목표는 과거를 돌아보거나 이상을 만들어 내는 것만으로는 달성되지 않는다. 현재의 모순을 인정하고 끊임없는 자기성찰과 변화, 그에 대한 적응을 계속해서 반복하고 만들어 낼 때, 즉 현명하게 고민할 때만 달성된다.

생각 과잉을 막을
실용주의 비상 키트

과거 자본주의 비판은 주로 사회를 여러 계급으로 나누어 차별하는 불의에 기반을 두었지만, 오늘날에는 탈식민주의 측면도 비판의 대상이 된다.[26] 계급주의, 인종주의 또는 일상생활을 정신적으로 통제할 수 있는 체계적 차별과 불의 등 대상이 무엇이든 항상 비판의 초점은 권력과 자원 접근성의 '불균형'에 맞춰져 있다. 전 세계적으로 중요한 문제뿐만 아니라 상대적으로 덜 심각한 위기를 다룰 때도 마찬가지다. 어떤 방식으로든 어느 한쪽이 다른 쪽보다 아래에 있는 비대칭 상황은 현실적 측면뿐 아니라 정신적 측면에서도 흥미로운 결과를 보여 준다.

권력이라는 산맥의 골짜기에 있는 사람은 항상 무너져 내리는 산사태나 눈사태에 휩쓸릴 위험에 처해 있다. 그래서 이들은 정상에서 여유롭게 전망을 즐기는 사람보다 상황을 바꿀 방법, 적어도 자신을 적절히 보호할 방법을 확실히 더 많이 고민한다. 나의 경험에서 나온 간단한 법칙을 알려 주자면, 이렇게 산맥 골짜기에 있는 사람일수록 생각 과잉에 빠질 위험이 크다. 다시 말해 생각과 논쟁으로 급히 자신을 보호해야 할수록, 지적이고 사려 깊게 행동해야 할 필요성이 클수록 생각 과잉에 빠지기 쉽다는 의미다.

계속해서 살펴본 것처럼 생각이 과도하게 많은 사람들은 이미 일상 속 간단한 사건 하나만으로도 생각의 쳇바퀴를 무한정 돌릴 수 있다. 예를 들어, 기침, 콧물, 잠긴 목소리, 미열을 동반한 감기 때문에 병가를 내는 상황을 가정해 보자.

전염병이나 콜레라가 아닌 감기만으로도 며칠 동안 꼼짝 못하고 누워 있을 수 있다. 더욱이 사무실, 작업장, 또는 다른 사람들과 접촉하는 장소에서 일하는 사람들은 바이러스나 박테리아 확산을 막기 위해서라도 이럴 때 출근하지 않는 것이 좋다. 직원들은 보통 병가를 내려면 병원 진료 예약이나 의사의 확인서를 제출해야 한다.

여기까지는 익숙하고 간단한 과정이다. 하지만 생각이 너무 많은 사람에게는 이마저도 간단하지 않다. 늦어도 전날 밤부터 다음과 같은 생각들이 머릿속을 맴돌기 시작한다.

내일 진료 예약을 못 하면 어쩌지? 병원이 쉬는 날이면 어쩌지? 결근하면 팀장님이 화를 내지는 않을까? 오늘 병가를 내는 일이 단기, 중기, 장기적으로 나의 직장 생활에 어떤 영향을 미칠까? 병가를 낼 정도는 아니라며 의사가 확인서를 써 주지 않으면 어떡하지?

정신적 부담과 돌봄 노동에 관한 연구를 보면, 마지막 질문은 특히 전업주부인 옛날 어머니들이 많이 하는 질문이다.[27] 그렇다면 "더는 못 하겠어"라고 말해도 될 만큼 신체적, 정신적으로 지쳤다고 인정되는 피로는 어느 수준일까? 그리고 평범한 직장이 아닌 돌봄 노동에서 병가 선언은 어떤 의미일까? 그러니까 일반적으로 병가에 거의 관심이 없는 배우자와 자녀에게 당신들을 돌보는 일을 더는 못 하겠다는 포기 선언은 무엇을 의미할까?

이런 생각의 쳇바퀴에 갇히는 데 꼭 다른 사람이 필요한 것도 아니다. 스스로 정한 기대에 부응하지 못했다는 이유로 생각의 쳇바퀴에 갇힐 수도 있다. 나는 그 사례들을 끝없이 읊을 수 있다. 당장 나만 해도 암 진단을 받은 직후, 직장에 남아 있으려 노력했다. 먼 지인들에게 듣기로는 항암 치료 중에도 충분히 직장 생활을 할 수 있다고 했다. 심지어 의사도 계속 일하는 것이 나의 정신 건강에 좋다고 말했다. 그래서 나는 휴가와

휴직 계획을 세밀하게 짰고, 경영진들까지 이 계획에 기꺼이 참여했다. 그리고 이 야심찬 계획은 정확히 일주일 동안만 효과가 있었다. 결국 나는 병원 침대에 누워 있는 결말을 맞았다.

암에 걸린 상태로 일을 하려면 어떤 각오를 해야 하는지, 경력에 대한 장기적인 전망과 나의 건강 상태를 고려했을 때 몇 시간을 일하는 것이 적당한지 등 그 모든 생각과 계획이 완전히 무의미해졌다. 변명을 하자면 항암 치료 과정에서 변수가 많았다. 항암 치료를 겪어 보지 않은 사람은 그것이 무엇을 의미하는지 절대 모른다. 특히 항암 치료는 사람마다 다른 반응을 보인다. 그래서 다른 환자들의 경험과 평가를 흥미롭게 참고할 수는 있지만, 나도 그들과 똑같은 경험을 하리라는 보장은 없다. 순전히 도박이다.

이렇게 돌이켜보면 직장 생활에 관해 너무 많이 생각했던 것이 후회스럽다. 실제로 투병할 때 무엇이 정말 중요한 문제였는지 알았더라면 회사 따위는 생각에서 진작 제외했을 것이라는 아쉬움이 남는다. 물론 전부 결과론적인 이야기다. 어쨌든 암은 상당히 심각한 문제고, 우리는 좀 더 단순한 사례를 통해 앞을 내다볼 필요가 있다.

다시 (암에 비하면) 사소한 감기 문제로 돌아온다. 감기 때문에 스스로 초래한 괴로운 생각 과잉을 다루는 현명한 방법은 무엇일까? 우리는 이미 살면서 여러 차례 의사 앞에 앉아 증상을 설명한 적 있다. 이 경험을 참고해 보자. 의사에게 증상을 설명했을 때 "너무 과민하게 생각하지 마세요"라는 대답을 얼마나 자주 들었는지 생각해 보자. 곰곰이 생각해 보면 한 번도 없었을 것이다. 이것이 바로 생각 과잉의 교활함이다.

생각 과잉은 증거와 객관성에는 거의 관심이 없다. 하지만 이 두 가지야말로 생각의 쳇바퀴를 멈출 수 있는 좋은 브레이크다. 조금 더 논리적인 언어로 표현하자면 다음과 같다.

> 내 경험상 지금까지 감기로 병원에 갔을 때, 의사는 늘 진지하게 나의 증상을 진단해 주었지. 그러므로 아마 다음에도 그는 나의 증상을 진지하게 진단해 줄 거야. 물론 아닐 수도 있지만 그럴 가능성은 크지 않아. 의사의 반응이 자동으로 바뀔 일도 없고.

문제는 우리의 뇌가 확률 변수로만 작동하는 계산 기계가 아니라는 점이다. 물론 뇌는 삼단 논법과 같은 아리스토텔레스의 논리학도 얼마든지 처리할 수 있다. 하지만 그런 추론은 사실 그다지 재밌지 않을뿐더러 근거가 부족한 우리의 걱정과 불안을 막아 주지도 못한다. 그렇다고 우리가 이런 상황에서 마냥 무기력하기만 한 것도 아니다.

다시 권력 불평등 주제를 잠시 살펴보자. 앞서 언급한 진료실 사례에서 명백해 보이는 권력 불균형에 대해 근본적으로 의문을 제기하는 것도 도움이 된다. 언뜻 생각하면 나는 회사에 제출할 확인서를 요청하는 사람이고, 의사는 이 요청에 대한 결정권자처럼 보인다. 즉, 나보다는 의사에게 권력이 있다고 느낀다. 이런 비대칭 상황이 나에게 불리하게 작용할까 봐 끝없이 걱정하는 것은 어쩌면 당연한 일이다.

그런데 이때 생각의 무한 루프에 갇힌 나의 뇌가 놓친 것이 있다. 실제로 의사는 내가 가정한 그런 위치에 있지 않다는 사실이다. 물론 이론적으로는 의사가 나에게 "전혀 아프지 않은 것 같습니다"라고 말할 수도 있다. 하지만 그러면 오히려 의사가 위험한 상황에 놓이게 된다. 가능성이 아주 낮더라도 사소해 보이는 나의 증상이 사실은 심각한 질병의 징후일 수도 있기 때문이다.

그래서 원칙적으로는 환자의 증상이 의심스럽다면 의사는 심각한 질병일 가능성을 신중히 점검해야 한다. 하지만 이는 복잡하고 비용이 많이 들 뿐만 아니라 힘들고 시간도 오래 걸리는 선택이다. 사실 7, 80대 노인이 아닌 이상 단순한 감기 증상이 심각한 질병의 징후일 가능성은 거의 없다. 이럴 때는 복잡하고 비싼 검사를 해 봤자 의학적 관점으로 그다지 의미가 없다. 그러니 의사로서는 "그렇군요. 일단 3일 동안 쉬면서 호전되는지 봅시다"라고 말하는 것이 훨씬 실용적인 판단이다.

드디어 우리 앞의 눈부신 네온사인을 봐야 할 때가 왔다. 그 네온사인에는 커다랗게 '실용주의'라고 적혀 있다. 일상에서 이 단어는 명쾌해 보이다 못해 우리의 환상을 깨는 것처럼 들리기도 한다. 아무튼 그다지 매력적인 간판은 아니다. 하지만 철학자 윌리엄 제임스^{William James}는 이 실용주의를 전혀 다르게 보았다. 그는 이 단어로 하나의 철학 학파를 설립했다.

어떤 관념의 진리 여부를 실제적인 유용성, 실행 가능성, 결과 등으로 판단하는 실용주의 학파는 유럽에서는 제대로 된 발판을 마련하지 못해 그다지 잘 알려지지는 않았다. 유럽, 특히 독일어권 철학이 결과와 상관없이 무조건적으로 따라야 하는 정언 명령이 있다는 칸트의 영향으로 발전했다는 점을 고려하면 놀라운 일은 아니다.

오늘날까지도 철학은 주로 시대를 초월하는 진리를 정립하는 학문으로 여겨진다. 이런 정의가 완전히 틀린 것은 아니지만, 철학의 특정 하위 분야에만 해당한다. 제임스는 반박할 수 없는 사실을 전제로 이론을 확립하는 데는 관심이 없었다. 일상에 적용할 수 있는 철학을 추구한 그는 한 강의에서 실용주의가 제기하는 질문을 다음과 같이 전달하기도 했다.

가정해 봅시다. (…) 어떤 생각이나 판단이 참이라면, 이 진리는 한 사람의 실제 삶에 어떤 구체적인 변화를 만들까요? 어떻게 일상에 녹아들까요? 만약 그 판단이 거짓이었다면 경험과 삶은 달라졌을까요? 간단히 말해서 어떤 진리를 경험이라는 화폐로 환산한다고 칩시다. 그렇다면 이 진리의 가격은 얼마일까요?[28]

이런 사고방식은 영리하고 무엇보다도 실용적이다. 추상적인 진리가 아니라 구체적인 삶을 중시하기 때문이다. 언뜻 들으면 제임스의 주장은 "진리는 추상적일 뿐이며 지금 이 순간 우리의 삶에 그다지 큰 영향을 미치지 않는다"는 의미 같기도 하다. 그러자 고민의 달인 림비 씨가 곧바로 비명을 지른다. "진리는 결국 상대적인 것에 불과하니까 깊게 신경 쓸 필요가 없는 부차적인 문제라는 거야?!"라며 고래고래 소리친다.

진리는 불확실성의 시대에 거의 유일하게 불변하는 것으로 여겨진다. 그런 진리가 더는 중요하지 않다는 림비 씨에게 불안한 결론일 것이다. 그래서 그런 결론은 곧장 불안함을 줄이기 위해 멋대로 상상하는 대안적 사실 등으로 이어진다. 하지만 제임스의 주장이 '진리는 전혀 중요하지 않으며, 그 사실 여부는 신경 쓸 필요가 없다'는 의미일 리가 없다. 그럼에도 그는 한평생 그의 이론이 세상 모든 진리를 상대화하고, 도덕적 타락의 길을 터준다는 비판을 감수해야 했다.[29]

실용주의 이론을 피상적으로만 읽으면 이런 인상을 충분히 받을 수 있다. 제임스 주장 대부분이 진리를 도외시하는 결론을 암시한다는 지적도 어쩌면 타당할지 모른다. 하지만 제임스의 의도를 진지하게 이해하면 전혀 다른 그림이 보인다. 그는 판단의 진위가 중요하지 않다고 말하는 것이 아니다. 그는 진리에 거짓이나 참이라는 딱지를 붙이는 것, 즉 어떤 식으로든 진리를 '재해석'하는 것을 중요하게 생각하지 않았을 뿐이다.

애초에 제임스는 근본적으로 그런 것에 전혀 관심이 없었다. 그는 오직 진리를 다루는 '방식'이 우리 삶에 어떤 결과를 가져오는지 알고 싶을 뿐이었다. 그는 진리를 고정불변의 고유한 속성으로 정의하지 않고, "진리는 관념에 있어서 하나의 사건에 불과하다. 그 관념은 (…) 하나의 사건에 의해 참이 된다"라고 말한다.

말하자면 제임스의 세계에서도 도널드 트럼프^{Donald Trump}처럼 터무니없는 주장을 내세운 다음, 그것이 자신의 개인적인 진리라고 주장할 수는 없다. 진리는 기본적으로 현실이라는 하나의 사건과 일치해야 하기 때문이다. 생각이 많은 사람에게는 반가운 일이다. 이런 실용주의 철학은 생각 과잉의 흔한 원인인 '그래야만 한다'는 당위성을 반박하기 때문이다.

진리는 삶보다 앞설 수 없다. 실제로 우리는 종종 스스로 옳다고 생각하는 것에 반하는 행동을 할 때 생각의 루프에 갇힌다. 그러면서 자신이 옳다고 생각하는 행동을 하고 있는지 아닌지, 아니라면 그 이유가 뭔지, 어떻게 하면 자신이 원하는 이상적인 상태에 도달할 수 있는지 끊임없이 자문한다.

제임스의 실용적 철학은 이런 생각의 쳇바퀴에 강한 제동을 건다. 진리는 경험을 통해 먼저 인정받아야만 한다면, 우리를 생각 과잉에 갇히게 만든 당위성에 충분히 의문을 제기할 수 있다. 특정 상황에서 꼭 이렇게 대처해야만 할까? 다르게 대처하면 안 되고, 꼭 그래야만 하는 이유가 뭘까? 무엇이 우리를 이런 당위성에 가두었을까? 어쩌면 '그래야만 한다'는 생각 자체가 실용적인 경험과 매우 동떨어져 있고, 심지어 완전히 대립하는 위치에 있는지도 모른다.

그러므로 생각이 많은 콧물감기 환자는 곧바로 병가 고민을 반박할 수 있는 여러 주장을 펼치게 된다. 한편에는 2023년 병가 신청 최다 기록과 같은 추상적인 숫자가 있고[30], 다른 한편에는 일상의 경험이 있다. 이 두 가지로도 해결이 안 되면 이제 철학적 비상 키트에서 실용주의를 꺼내 들 수 있다. 생각 과잉의 소용돌이에서 솟아오르는 걱정을 실용적 관점으로 본다는 것은 걱정 자체를 부정하는 것이 아니라 오히려 더 진지하게 받아들인다는 뜻이다. 말하자면 진정제가 아니라 보행 보조기인 셈이다. 머리를 쓰다듬어 주거나 진지하게 여기는 척하면서 어물쩍 넘기려는 것이 아니라 정말 진지하게 상대해 주는 것이다.

생각이 많은 사람에게는 아무리 "무슨 그런 쓸데없는 고민을 하고 있어!"라고 해 봐야 원하는 효과를 얻지 못한다. 일갈하는 대신 먼저 있는 그대로 고민을 받아들이고, 더 깊이 생각하고, 애초에 왜 이런 고민을 하게 되었는지 질문해야 한다. 질문에 따라 답은 얼마든지 달라질 수 있다.

다시 병가 신청 사례에도 적용해 보자. 만약 내가 충분히 아픈 것인지, 의사가 내 말을 믿고 확인서를 써줄지 끊임없이 걱정된다면, 우선 지금 일어난 일을 받아들인다. 내가 아픈 것은 실제 경험이고, 의사가 "아프다는 말을 믿을 수가 없네요"라고 말하는 것은 단지 일어날까 봐 두려워하는 사건에 불과하다. 실제로 일어나지 않으면 이 걱정은 거짓이다.

그러니까 실제로 일어난다는 전제 조건이 충족되지 않는 한 이 걱정은 자신의 몸이나 의료 시스템에 대한 불신에서 비롯된 것일 확률이 더 높다. 이런 두려움의 배경에는 감정적, 신체적 능력에 대한 자기 의심이 있을지도 모른다. 이 점을 깊이 성찰하고 문제의 근본 원인을 해결한다면, 우리는 마침내 생각의 쳇바퀴에서 내려와 어지럼증 없이 앞으로 나아갈 수 있다. 현명한 고민과 딥 씽킹은 공중에 떠 있는 공허한 것이 아니라 오히려 매우 현실적이고 실용적인 수단이다.

누구도 우리에게
세상을 설명해 주지 않는다

걱정과 불안을 진지하게 받아들이라는 요구는 정치 토론에서도 흔히 접할 수 있다. 이 요구는 주로 과격화에 대해 논평할 때 자주 사용된다. 극단주의 정당의 지지율과 의석수가 최근 몇 년간 놀라운 속도로 상승했다. 정치인, 학계, 언론은 거의 반사적으로 "국민의 우려와 요구를 진지하게 받아들여야 한다"고 주장한다. 이는 타당한 말처럼 들리고, 또 언뜻 보기에 이의를 제기할 이유가 없다.

하지만 오히려 그래서 이런 주장은 값싸고 진부한 것에 불과하다. 일단 진지하게 받아들이겠다는 주장은 실행과 전혀 무관하다. 호소와 다짐만으로는 아무 일도 일어나지 않는다. 말만 있을 뿐 행동은 없다. 진지하게 받아들인다는 것은 여기서부터 더 깊이 생각해야 한다는 것을 의미한다. 그냥 아무 조치나 내놓은 뒤 해결했다며 미뤄 버리는 것이 아니다.

또한, 진지하게 받아들인다고 해서 항상 그 주장에 동의한다는 의미도 아니다. 예를 들어 독일을 위한 대안의 지지자들이 난민 유입을 반대하며 드러내는 우려를 해당 정당이 진지하게 받아들인다고 말하는 상황을 생각해 보자.

이는 외국인과 내국인의 통합을 마치 언어 수업 한 번으로 해결할 수 있는 간단한 문제인 것처럼 취급한다는 뜻이 아니다. 그렇다고 우려에 부응하여 분명한 효과 없이 상한선이나 즉각적인 국경 통제를 강하게 요구하겠다는 뜻도 아니다.[31] 단지 논쟁을 빨리 끝내고 싶어서 그렇게 말하는 것이다. 이런 식의 반응은 상황에 아무런 변화도 가져오지 않는다.

이쯤에서 고민의 달인 림비 씨가 다시 등장한다. 그럼에도 그는 걱정을 가라앉히기란 너무 어렵다며 반박한다. 동시에 '진지하게 받아들이기'를 선전 구호의 측면에서만 다루고, 오직 그 방식에만 매달림으로써 모든 주장을 너무 납작하게 만들어 버린다고 지적한다.

또한, 극단주의 정당에 투표하는 것과 생각 과잉 사이에 선을 연결하는 것은 지나치게 급진적이라고 반박할 수도 있다. 하지만 어떻게 생각하면 포퓰리즘처럼 간단한 답을 찾는 사람들은 너무 깊이 생각하기는커녕 오히려 깊이 생각할 의지가 부족한 것이 아닐까? 그래서 이런 납작한 주장에 끌리는 것일지도 모른다. 하지만 이것은 그렇기도 하고, 아니기도 하다.

예를 들어 포퓰리즘의 대표적 구호인 '이게 다 외국인 탓이다'와 같이 모든 문제를 한 가지 원인으로 설명하려는 태도와 욕구는 분명 충분한 성찰에서 나온 것은 아니다. 그러나 걱정의 복잡한 구조와 고민의 소용돌이가 가진 속성을 과소평가해서는 안 된다. 대부분의 음모론은 현실을 매우 자의적으로 해석하는 암울한 공포 시나리오에 기반한다. 거기서부터 여러 거칠고 복잡한 가정들이 생겨나는데, 이는 고전적인 생각 과잉 구조와 매우 흡사하다.

결국 음모론자들은 너무 많이 생각하면서도 동시에 너무 적게 생각한다. 너무 많이 생각한다고 말하는 이유는 그들이 자신들의 입장을 옹호하기 위해 복잡한 이론을 가정하고 세밀한 설명 모델을 고안하기 때문이다. 많은 음모론이 과학적 증거나 심지어 명백한 일상적 사실에도 반한다는 점을 생각하면 대단한 정성이다. 하지만 그들은 다양한 주장의 비교 가능성과 견고성을 검토하지 않고, 누군가 분명 무언가를 감추려 한다는 편견에 기반하여 비논리적 결론을 도출한다. 이런 면에서 그들은 동시에 너무 적게 생각한다.

대표적인 사례가 '지구 평평설' 신봉자들이다. 지구가 평평하다고 믿는 이들은 이전 세기에도 존재했던 신화적이고 성경적 '증거'에 주로 의존한다. 19세기 말까지만 해도 영국의 발명가 새뮤얼 로보텀Samuel Rowbotham은 지구가 평평하고, 그 중심은 북극에 있으며 넘을 수 없는 높은 얼음벽이 가장자리를 둘러싸고 있다고 주장했다. 그의 이론이 맞다면 태양과의 거리가 불과 6500킬로미터에 불과한 런던이 이렇게 포근하고 따뜻한 곳일 수가 없는데도 말이다.[32]

인간이 우주로 진출하여 지구가 태양 주위를 공전하는 공 모양이라는 것을 완벽하게 입증한 이후로, 이 주장은 완전히 터무니없는 것으로 판명되었다. 새뮤얼의 모든 계산은 '상당히' 잘못되었다. 일단 태양과 지구의 거리부터 약 1억 5000만 킬로미터였기 때문이다. 그런데도 20세기에는 국제지평설연구학회Flat Earth Society가 설립되었고, 현재는 소셜 미디어가 만들어 낸 가짜 이미지에 힘입어 놀라운 입지와 지지층을 확보했다.

지평설 신봉자들은 지치지 않고 '자칭' 과학적이라는 계산을 하고, 지구가 거대한 케이크 접시에 놓인 채 우주를 떠돈다는 근거를 찾는다. 이는 고립된 현상이므로 그다지 해롭지 않고, 워낙 터무니없는 주장이라 잠깐 들여다보는 일은 꽤 재밌을 수도 있다. 하지만 이런 집단에는 반사실적 세계에 기꺼이 갇히려는 사람들이 잔뜩 모여 있으며, 이들은 다른 음모론도 아주 쉽게 믿는다는 것이 문제다. 그렇게 갑자기 모든 것이 논쟁의 대상이 된다. 정말로 달에 착륙했을까? 미국의 실질적 통치자는 누구일까? 혹시 외계에서 온 파충류? 하나같이 터무니없는 심연으로 빠르게 추락하는 주장이지만, 이 모든 것에 그럴싸한 증거가 제시된다.

이런 주장을 반박하는 것 자체는 당연히 어렵지 않다. 모든 것이 입증할 수 없는 가정에 기반하고 있기 때문이다. 하지만 아무리 근거가 확실한 반박이어도 이미 귀를 막아 버린 사람들에게는 통하지 않는다. 그들은 이미 세상이 자신들을 상대로 음모를 꾸미고 있다고 믿기 때문이다. 지평설이 현재 누리고 있는 르네상스는 주로 사회적 격변과 관련이 있다. 지구를 원반으로 보는 생각은 종교 개혁과 산업 혁명 시대에 특히 인기를 끌었다. 원래 변화는 두려움을 촉발하고, 두려움에 빠진 사람들은 현재에서 벗어나 영적인 도피처로 갈 수 있다는 생각을 기꺼이 받아들인다.[33]

이제 다시 진지하게 받아들이기 문제로 돌아왔다. 지평설 같은 반사실적 주장을 이해해 주거나 더 나아가 현실적인 선택지로 인정하는 것은 당연히 해결책이 아니다. 오히려 그런 상황으로 사람들을 몰아가는 두려움에 의문을 제기해야 한다. 이런 두려움이 보통 생각의 무한 루프를 동반하기 때문이다.

이 두려움에 대처하는 효과적인 방법을 공론장에서 논의할 때, 과소평가해서는 안 될 중요한 측면이 있다. 그것은 바로 두려움을 진정시키기 위한 발언의 방식이다. 독일의 저널리스트 디르크 폰 겔렌Dirk von Gehlen은 자신의 저서 『실용주의 원칙』에서 독일의 두 총리, 헬무트 슈미트Helmut Schmidt와 앙겔라 메르켈Angela Merkel의 중요한 발언을 바탕으로 한 가지 흥미로운 변화를 추적한다.

1977년 독일 경제인연합회장인 한스 슐라이어Hanns Schleyer가 적군파(RAF)에 납치되던 날 저녁, 슈미트는 TV 연설에서 "우리는 테러리스트들을 물리칠 것입니다"라고 선언했다. 2012년 베를린 크리스마스 마켓에서 발생한 테러 공격으로 12명이 사망했을 때, 메르켈 역시 TV를 통해 대중에게 연설했다. 그러나 메르켈의 발언은 슈미트와 상당히 달랐다.

> 삶을 만끽하는 즐거운 축제의 장인 크리스마스 마켓에서 한 명의 살인자가 그토록 많은 사람을 죽였습니다. 우리는 이 현실을 어떻게 극복하고 살아갈 수 있을까요? 나 역시 이 질문에 간단히 대답할 수 없습니다.[34]

슈미트와 메르켈의 정책이나 테러 대응 방식에 대한 평가는 저마다 다를 수 있다. 하지만 그와 별개로 이 두 발언은 시대정신의 변화를 보여 준다. 두 발언 모두 논란의 여지가 전혀 없지는 않다. 메르켈의 발언은 더 다양한 해석의 여지가 있고 솔직한 발언이지만, 다소 무책임하고 불안하게 들릴 수 있다. 실제로 많은 언론은 베를린 크리스마스 마켓 사건을 보도하면서 메르켈의 발언을 슈미트의 발언과 자주 비교하고 비판했다.

하지만 슈미트의 전기 작가 토마스 카를라우프Thomas Karlauf는 이런 언론의 태도를 '이는 과거에 대한 그리움이자 단순함에 대한 그리움'이라고 지적했다. 슈미트는 단순히 강한 어조로 발언한 것이 아니다. 그는 전반적인 상황을 고려할 때 적군파의 테러가 간단한 문제는 아니지만 어떻게든 해결할 수 있는 문제라고 확신했다. 그러나 메르켈은 그렇지 않았다. 일단 시대가 전혀 달랐다. 특히 테러가 일어나는 방식이 완전히 달랐고, 무엇보다 위험의 원천이 더욱 다양하고 분산되어 있었다.

그러나 폰 겔렌이 올바르게 지적한 것처럼 이는 너무 쉽게 슈미트를 미화하는 평가이기도 하다. 슈미트 시대의 위협 시나리오 역시 절대 단순하지 않았기 때문이다. 더 중요한 것은 슈미트가 메르켈과는 전혀 다른 유형의 지도자였다는 사실이다. 그래서 그가 사망했을 때, 주간지 《차이트》는 '이제 누가 우리에게 세상을 설명할 것인가?'라는 제목으로 사망 기사를 냈다.[35] 그리고 이 질문에 대한 나의 대답은 '아무도 없다'이다.

적어도 슈미트처럼 단정적으로 설명해 줄 사람은 더 이상 없다. 정치인들이 투명하고 최대한 이해하기 쉽게 말하는 것은 좋은 일이다. 하지만 나는 개개인이 먼저 세상을 스스로 설명할 수 있어야 한다고 굳게 믿는다. 이것은 《차이트》의 기사 제목이 암시하는 것과 달리 슬퍼할 일이 아니다. 단순함의 상실은 오히려 독립적 사고의 기회가 될 수 있다.

간단한 해결책이 없다는 메르켈의 솔직한 대답은 슈미트의 자신감보다 더 불안하게 들린다. 하지만 적어도 나처럼 생각이 아주 많은 사람이라면, 슈미트의 간단한 대답이 오히려 훨씬 회의적으로 들리고 그래서 더 걱정하게 된다. 어딘가 해결책이 있을 테고 그것을 정치가 고심해야 한다는 대답이 차라리 덜 우려스럽다.

해결이 어려워 보이는 복잡한 상황에서는 생각이 많은 사람이든 그렇지 않은 사람이든 처음에는 단순한 답을 원한다. 그것이 안도감을 주기 때문이다. 그리고 이 안도감이 빠르게 돌아가던 생각의 쳇바퀴를 잠시 멈춰 세운다. 배짱이 두둑한 사람들은 아무렇지 않게 거기서 내려온다. 하지만 생각이 너무 많은 사람은 급정거에 어지러움을 느낀다. 지나치게 간단한 설명은 오히려 불신을 불러일으키고, 생각의 쳇바퀴가 다시 돌기 시작한다.

우리 같은 생각 과잉 전문가뿐만 아니라 모든 사람이 복잡한 맥락 속에서 길을 잃지 않도록 우리는 윌리엄 제임스의 실용주의를 훌륭한 여행 동반자로 삼았다. 실천 정신이 필요할 때, 삶을 실제로 바꾸는 것이 무엇인지 알고 싶을 때, 실용주의는 진정으로 훌륭한 여행 동반자가 된다. 예기 같은 현대 사상가들도 이론은 이론에만 그치지 않을뿐더러, 그쳐서도 안 된다는 것을 보여 주었다. 이들은 비판을 통해 사회적 조건을 체제 내부에서부터 긍정적으로 변화시키고자 한다.

이런 과정은 생각이 많은 사람이 경직된 당위성에 의문을 제기할 수 있도록 돕는다. 그렇게 하면 무엇보다도 걱정의 근본 원인을 파악하고, 바탕에 깔린 두려움의 근원을 탐구하고, 그것을 진지하게 받아들여 사회 전반의 문제를 해결하는 데 도움이 된다. 상호 연대와 그에 따른 결속이 사회를 존속시키는 기반이라는 사실은 뒤르켐 시대 이후로도 변함이 없다.

따라서 두려움의 근원을 깊이 생각하는 것은 매우 가치 있는 고민이자 개인 차원을 넘어서는 활동이다. 실용주의는 괴로운 걱정과 생각들로부터 솔직하고 건설적으로 맞설 수 있게 하며, 두려움을 간단히 억누를 수 없도록 한다. 이를 통해 우리는 일부 두려움으로부터 기인하는 막연한 공포를 막아내고, 떨쳐 낼 수 없는 두려움과 잘 어울려 살아가는 법을 배운다.

이제 우리는 궁극적인 목표인 딥 씽킹에 훨씬 더 가까이 다가갔다. 마지막 단계로 넘어가 보자.

THINK DEEP

5부

삶을 완성하는
생각

아는 것이
더는 힘이 아닌 시대

누군가 한 번 거짓말을 하면,

나중에 진실을 말하더라도 아무도 그를 믿지 않을 것이다.

아는 것이 힘이다.

이 두 가지는 삼척동자도 다 아는 진부한 격언이다. 그리고 당연히 틀린 말이 아니다. 하지만 뉴스를 훑어보면 이런 격언도 다 옛날이야기인 듯싶다. '대안적 사실'이라는 용어가 굳어진 이후로 진실에 집착하는 태도는 무의미할 뿐만 아니라 절망적이기까지 하다.

《워싱턴 포스트》의 집계에 따르면 트럼프는 첫 취임 후 200일 동안 1000건이 넘는 틀린 발언과 거짓말을 했다.[1] 그 후에도 여러 언론 매체가 계속해서 집계를 이어 갔다. 하지만 쓸데없는 일이었다. 처음 1000건 이후로는 횟수가 중요하지 않았다. 트럼프는 자신의 발언이 허위 정보임을 알게 되더라도, 그 이유로 의견을 바꾸지는 않았기 때문이다.

2024년 미국 대선 기간 동안 콜로라도 대학교에서 실시한 연구에서 유권자들은 자신이 중요하다고 생각하는 주제에 있어서, 그것이 이롭다면 거짓말도 기꺼이 받아들일 의향이 있는 것으로 나타났다. 노스웨스턴 대학교의 심리학 교수인 댄 맥아담스Dan P. McAdams는 각 정당 지지자들의 이런 태도를 의미심장하면서도 명확하게 요약했다.

그들은 진실을 부정하는 것이 아니라 관심이 없는 것이다.[2]

독일의 철학자 볼프람 아일렌베르거Wolfram Eilenberger도 비슷한 맥락에서 "우리는 계몽의 벼랑 끝에 살고 있다"라고 말했다.[3] 이 비유는 무섭고도 적절한 비유다. 진실의 지반이 점점 약해지면서 서서히 이 세계가 이 억지 주장의 구렁텅이로 무너져 내리는 과정을 가장 잘 보여 준다.

진실이 무너지면 대책 역시 불안정해진다. 정치학자 제임스

맥아담스^{A. James McAdams}가 지적했듯이 진실 자체가 더는 중요하지 않은 상황에서 사실 검증의 효과는 매우 한정적이다. 심지어 트럼프의 경우, 사실 검증으로 그의 거짓말을 고발하는 행위가 일부 유권자들에게는 오히려 긍정적으로 작용했다. 고발은 그들이 더욱 트럼프를 지지하게 만들었고, 결과적으로 그의 승리에 도움이 되었다.[4]

여기에 몇 가지 기술 혁신이 결합하여 이런 현상을 더욱 부추기고 있다. 인공 지능의 급속한 발전으로 다양한 정치 세력이 점점 더 효율적으로 허위 정보를 유포한다. 조작된 댓글봇이 의견을 퍼뜨리고, 마치 놀라운 마술처럼 허위 정보를 사실로 둔갑시킨다. 말하자면 물을 포도주로 바꾸는 것이다. 다만 이 포도주로 둔갑한 물에는 독이 들었고, 그래서 위험하다.

아무래도 아는 것은 더 이상 힘이 아닌 것 같다. 힘은 지식이 아니라 '여론 주도력'에 있다. 여론을 주도하는 세력의 기반에는 반드시 정보가 있다. 이 정보의 사실 여부는 사건의 흐름에 아무런 방해도 되지 않는다. 탐사 보도 형식으로 권력 남용을 폭로하던 시도 역시 요새는 무용지물이다. 옛날에는 워터게이트 스캔들이나 기욤 사건같이 언론 보도를 통해 책임자를 사퇴시키고 권력을 교체할 수 있었지만, 이제는 그런 스캔들이 폭로되더라도 어깨만 으쓱하는 정도로 끝난다.

예를 들어 FIFA 뇌물 수수 같은 사건은 상당히 큰 규모의

범죄 사건이었다. 하지만 이런 스캔들이 관련자들에게 어떤 방식으로든 영향을 주었을까? 그렇지 않다. 이런 사건들은 스트리밍 서비스에서 연속으로 다루기에는 그 매력이 턱없이 부족하다. 대중의 비난은 잠깐뿐이다. 다음 사건이 터지면 그 사건을 따라 비난은 이동하고 침묵에 잠긴다. 아무래도 세상이 너무 복잡해진 나머지 불의와 사기, 광기 등이 자신의 안녕에 심각한 해를 끼치지 않는 한 대다수는 그런 일에 신경 쓸 겨를이 없는 것 같다.

우리가 보고 듣고 읽는 것 중에는 그 진위를 의심해 보는 것이 타당할 때도 있고, 그렇지 않을 때도 있다. 앞에서 우리는 충분한 숙고와 공개 토론을 통해 신뢰할 만한 결론을 도출하고, 그 결론에 따라 단호하게 행동해야 함을 확인했다. 하지만 이렇게 불확실한 세상에서 어떻게 확고한 사실을 발견하고, 그 사실을 기반으로 생각 과잉에서 벗어나 실천하는 삶을 살아갈 수 있을까? 만약 우리에게 필요한 확고한 사실 자체가 애초에 존재하지 않는다면 어떻게 되는 걸까? 이 모든 것이 꽤 암울하게 들리지만 걱정할 필요가 없다. 우리의 철학적 여행 친구는 몇 가지 비법을 더 가지고 있다.

알면 알수록
불안해질 수밖에 없는 이유

이 책의 1부를 잠깐 떠올려 보자. 거기서 우리는 소크라테스 이전 철학자들을 다뤘다. 그들은 신화적 세계관인 '미토스Mythos'와 이성적 세계관인 '로고스Logos'를 분리함으로써, 과학적 사고로 지식을 추구하는 토대를 마련했다.

과학적 사고는 단순한 믿음이 아니라 경험적 관찰과 논리적 결론에 기반한다. 과학적 사고는 고대 유럽에서 처음 번성했으나, 그 이후 중세의 혼란 속에서 많은 부분이 암흑 속으로 가라 앉았다. 몇몇은 그대로 사라졌고, 일부는 유럽의 수도원과 도서관을 비롯하여 지금의 중동 같은 다른 세계에서 수 세기 동안 살아남았다.

그 대표적인 예가 아리스토텔레스Aristoteles의 문헌이다. 고대 후기 유럽에서는 아리스토텔레스에 대해 알려진 바가 거의 없었지만, 그의 문헌은 이미 9세기에 아랍어와 시리아어로 번역되었다. 이 지역에서 아리스토텔레스의 문헌은 열렬한 환영을 받았다. 하지만 최초의 라틴어 번역과 중부 유럽 철학으로의 재통합은 수 세기가 흐른 뒤에야 이루어졌다. 13세기가 되어서야 비로소 알베르투스 마그누스Albertus Magnus 같은 선구적인 연구자들이 그리스 철학자의 사상을 재검토했다. 이후 더 포괄적인 재발견과 확산은 르네상스 시대에 이르러서야 이루어졌다.[5]

철학의 수용 역사를 짧게나마 살펴본 데에는 이유가 있다. 첫째, 지식은 항상 직선으로 전승되지 않는다는 것을 보여 주고자 했다. 통찰을 얻고 지식을 습득하고 능력을 키우는 등 모든 학구적 행위는 그 자체로는 큰 가치가 없다. 공동체 안에서 지속적으로 보존되어야 비로소 의미가 있다. 통찰이나 깨달음 역시 사회적으로 먼저 수용되고 인정받아야 한다.

둘째, 인류 역사에서 지적 진보는 상당히 취약했으며 여전히 취약하다는 사실을 일깨우기 위해서다. 정보화 시대에는 클릭 한 번으로 전 세계의 지식에 접근할 수 있다. 연구 결과가 알렉산드리아 도서관의 파피루스에만 기록되어 불타면 영원히 사라지는 일도 없다. 정보화 시대의 지식은 인터넷이라는 전혀 다른 방식으로 보존되기 때문이다. 그래서 많은 사람이 인터넷을 역사상 가장 위대한 교육 도구로 여기는 낙관적 전망을 내놓기도 했다. 나는 이들의 의견을 폄하할 생각이 전혀 없다. 지식과 교육의 접근성이 그 어느 때보다 높아진 것은 좋은 일이다.

하지만 지난 10년의 세월 동안 요즘처럼 허위 정보가 효율적으로 퍼진 적은 없었다. 연구자들이 트윗 분석을 통해 이를 증명했다. 당시 소셜 미디어 뉴스 플랫폼의 선두 주자였던 트위터(현재는 X)에서 2006년부터 2017년까지 수집한 데이터를 분석한 결과는 충격적이었다. 검증 가능한 사실에 기반한 진술은 허위 정보보다 훨씬 느리게 유포되었고 공유 빈도도 현저히 낮았다. 왜 그럴까? 거짓말과 허위 사실은 그 자체로 뉴스 가치가 있고, 진실된 정보보다는 새로운 정보가 더 흥미롭게 여겨지기 때문이다. 그래서 더 많이 공유되는 것이다.

이런 허위 사실은 예상보다 훨씬 더 큰 충격과 두려움을 불러일으킨다. 반면에 진실은 기쁨, 확신 또는 때때로 슬픔도 유발한다. 그럼에도 클릭 수로 충격과 혐오를 이길 수 없다. 여기에는 조작에 최적화된 알고리즘도 필요 없다. 개인의 인터넷 사용 태도가 이런 변화를 점점 더 부추긴다.[6]

현재는 일부 세력이 조작을 위해 만든 봇까지 의도적으로 투입하며 이런 경향을 더욱 강화한다. 상황은 더욱 나빠지고 있다. 물론 충격적인 이야기의 매력은 비단 디지털 시대에 새롭게 등장한 현상이 아니다. 독일의 대표적인 황색 언론《빌트》

의 자료실만 보더라도 가십과 스캔들이 스트레이트 보도보다 더 잘 팔린다는 것을 알 수 있다.

오늘날 뉴스가 워낙 빠르게 세상에 쏟아지다 보니, 여러 가지 실수가 발생한다. 편집국 인력은 부족한데, 쏟아지는 정보의 홍수는 점점 더 규모가 커져서 연구와 사실을 기반으로 한 사실 검증에 소홀해질 수밖에 없다. 그 결과, 신뢰받는 언론사들조차 점점 더 많은 가짜 뉴스를 생산하거나 재생산한다.[7]

점점 빨라지는 뉴스 속도는 구독자를 점점 더 조급하게 만드는 부정적 부작용을 초래한다. 구독자는 무슨 일이 일어나고 있는지 실시간으로 알고 싶어 한다. 정치계 부정부패 사건의 폭로라면 실시간 보도가 마냥 나쁘지만은 않다. 약간의 압박 정도는 견딜 만하다. 하지만 점점 과학 연구에서조차 이런 식의 빠른 보도를 기대한다. 이는 결코 좋은 징조가 아니다.

실제로 코로나 팬데믹을 둘러싼 SNS 게시글 및 언론 보도는 빠른 보도의 부작용을 보여주었다. 전염병이라는 위협적인 상황에서 많은 사람이 신뢰할 수 있는 정보를 가능한 한 빨리 얻기를 원했다. 여기까지는 충분히 이해할 수 있는 반응이다. 다만 문제는 그 당시 믿을 만한 정보를 얻기가 쉽지 않았다는 점이다. 보통 합리적이면서도 최소한 중기적으로는 바뀔 일이 없는 지식을 믿을 만한 정보라고 정의한다. 그런데 팬데믹 당시에는 그런 정보가 거의 없었다. 이런 과학적 지식의 변동성은 소통의 문제를 야기했다. 전염병을 관리하는 독일 보건부 산하의 로베르트 코흐 연구소(RKI) 같은 공공 기관이나 공공 데이터를 대체로 신뢰하던 사람들조차 지난주까지 진실이었던 것이 별안간 거짓으로 뒤집히는 상황에 혼란스러워했다.

이것은 온갖 의심과 생각 과잉, 심지어 음모론까지 싹트기에 완벽한 조건이었다. 더구나 이후 몇 년 동안 음모론자들의 망상처럼 여겨졌던 이야기들이 전부 다 헛소리만은 아니었다는 사실이 밝혀졌다. 예컨대 코로나 시기 마스크 구매 및 배포와 관련된 부정부패 사건인 마스크 게이트의 경우처럼 씁쓸한 현실도 분명 존재했다.[8]

이런 과학 연구의 근본적인 문제점은 애초에 과학이 진실을 만들어 내는 기계가 아니라는 점이다. 과학자들에게는 하느니 마느니 한 진부한 얘기로 들릴 테지만, 감기 이상의 질병에 걸려본 사람이라면 이 말이 전혀 다르게 들릴 것이다. 우리는 보통 비정상적인 혈액 수치가 무슨 의미인지, 무슨 병에 걸린 건지, 치료법은 무엇인지, 효과는 얼마나 되는지, 그리고 언제쯤 다시 건강해질 수 있는지 알고 싶어 한다. 게다가 과학을 통해 이런 질문에 명확한 답을 얻을 수 있으리라 기대한다.

하지만 어쩌면 충격적이게도 현실은 그렇지 않다. 그 자체로 치명적이었던 암 진단을 받으면서 나는 흔히 발생하는 종양에 관해서조차 일반인 수준에도 못 미칠 만큼 아는 것이 별로 없다는 사실을 뼈저리게 깨달았다. 이런 종양은 대개 고령의 환자에게서만 발생해서 내가 잘 모르는 것이 당연했음에도 적잖이 충격이었다.

게다가 과학 중에서도 특히 의학은 정확한 학문이 아니다. 10년 전이었다면 나는 이 말을 동종 요법 같은 대체 의학 지지자들의 발언쯤으로 치부했을 것이다. 하지만 안타깝게도 의학은 근사치와 확률을 기반으로 작동한다. 이는 부인할 수 없는 사실이다. 치료 확률이 100퍼센트인 경우는 거의 없다. 치료에 실패할 확률이 0.01퍼센트로 아무리 낮더라도 내가 그 0.01퍼센트에 속할 수도 있다. 그러면 실패 확률이 낮은 것은 아무런 도움이 되지 않는다.

팬데믹 시기에 정확한 정보를 얻는 일이든, 치료 성공 확률을 점치는 일이든 모든 일은 얼마든지 좌절로 이어질 수 있다. 최악의 경우 과학 자체를 불신하게 될 수 있다. 이렇게 온갖 정보에 빠르게 접근하다 보면 안심은커녕 오히려 더 불안해진다. 오랫동안 안정적이라고 믿었던 보호막과 기본 가치가 사실은 그렇지 않다는 느낌을 받는 순간, 세상은 더욱 취약해 보인다.

이럴 때 의문을 품고 계속해서 캐묻는 식으로 생각 과잉에 빠지는 것은 지극히 정상이다. 하지만 눈여겨볼 지점은 이런 생각 과잉이 나아가는 방향이다. 이 방향은 상황과 유형에 따라 다르다. 가장 흔한 형태는 잡학다식이다. 깊은 전문 지식과 달리 이런 지식은 때로는 즐거움을, 때로는 불안감을 안겨 주는 여가 활동을 통해 배울 수 있다.

과거에는 잡학다식한 사람을 종종 척척박사라고 불렀는데, 대표적인 예가 펠로폰네소스 전쟁에 관해 모르는 것이 없는 나의 허버트 삼촌이다. 그는 심심해 보이는 청중이 있을 때마다 기회를 놓치지 않고 이 지식을 전수하려 애쓴다. 분야에 따라 이들의 지식 전파는 무해할 수도 있고, 유해할 수도 있다.

사실 수천 년 전 군사 작전에 관한 정보가 설령 틀리더라도 큰 피해는 없다. 기껏해야 가족 저녁 식사 시간이 늘어날 뿐이다. 하지만 잘못된 재정 조언 때문에 우리 할머니가 은행 시스템이 내일 당장 붕괴할 것이라 믿고 갑자기 돈을 전부 인출해 매트리스 밑에 숨긴다면 이야기는 달라진다.

종말론 마니아와 그들의 디스토피아적인 꿈은 역설적으로 불안함보다는 즐거움 쪽에 가깝다. 왜냐하면 그것이 결말을 확실하게 보여 주기 때문이다. 끝을 아는 것은 놀라울 정도로 안정감을 준다. 세상 전체가 종말을 맞으면 생각의 쳇바퀴도 결국 멈출 수밖에 없다. 이 우주를 탄생시킨 대폭발의 반대, '역(逆)빅뱅'이 오면 마침내 더는 그 무엇도 고민할 필요가 없다.

척척박사와 종말론 마니아 그리고 앞서 언급한 음모론자들까지, 이들의 공통점은 명확한 답을 향한 끊임없는 갈망이다. 이들은 어떤 대가를 치르더라도 답을 찾고자 한다. 그리고 바로 이 지점에서 이 책을 읽고 있는 우리뿐만 아니라 생각이 너무 많은 여러 사람과 만난다.

생각의 무한 루프에 갇히는 것은 즐거운 여가를 위해 잠시 공상에 빠지는 것과 다르다. 생각 과잉은 상상의 나래처럼 재밌는 생각의 회전목마가 아니기 때문이다. 생각 과잉에 빠진 사람들은 끊임없는 고민을 멈추는 데 정말로 도움이 되는 것은 아무것도 없다고 믿는다. 대다수가 생각을 멈추라는 조언을 따르다 이미 제대로 실패를 맛보았기 때문이다.

고민의 달인 림비 씨 머리카락이 서서히 하지만 확실하게 쭈뼛 곤두선다. 생각 멈추기는 도움이 안 된다. 현실 도피도 안 된다. 음모론에 현혹되어도 소용없고, 이제는 과학조차 든든한 토대가 될 수 없다고 말한다. 도대체 이 생각 과잉에서 어떻게 벗어날 수 있단 말인가? 아무래도 여기가 막다른 길인 것 같다. 하지만 걱정할 것 없다. 새로운 철학적 여행 친구가 벌써 우리를 기다리고 있다.

더 깊이 고민해야
고민에서 벗어난다

철학자 에드문트 후설^{Edmund Husserl} 역시 이미 100여 년 전에 과학은 언제든 위기에 처할 수 있다고 판단했다. 그는 현대과학이 객관성을 내세우며 모든 것을 설명하려고 하지만, 정작인간이 존재하는 본질적 이유에는 이렇다 할 답을 주지 못한다고 비판했다. 그래서 그는 과학이 생활세계로 회귀해야 한다고호소했다. 그가 말하는 생활세계란 우리가 속해 있는 곳, 즉 우리가 생각하고 느끼고 살아가는 이 현실을 의미한다. 생활세계는 인간의 성찰 대상이 아니라, 기본 전제로서 존재한다. 이 '보편적 지평'에서 멀어질수록 인간과 세계는 점점 더 서로를 소외시킨다.[9]

그렇다고 후설이 과학이나 논리적 사고를 반대한 것은 아니다. 오히려 그 반대다. 그는 수학 박사 학위와 철학 교수 자격을 모두 가지고 있었다. 그가 우려한 상황은 기계화된 통계와 추상적 이론이 일상생활에서 점점 멀어지는 것이었다. 예를 들어 이 세계의 한편에는 절대적 진리를 주장하는 순수 수학이 있다. 어떤 세계관에서든 2 더하기 2는 4다. 하지만 다른 한편에 있는 생활세계는 항상 이렇게 명확하지 않다. 그곳은 절대적인 진리와 우연이 공존하며 종종 명확성에 어긋난다. 순수 수학과 생활세계 사이에 괴리가 발생한다.

후설은 이 괴리를 다룰 수 있는 것이 철학이라고 믿었다. 단, 그것은 철학이 당대의 자연과학과 같은 길을 가지 않을 때만 가능했다. 그는 이 문제를 이렇게 설명했다.

> 19세기 후반 실증주의 과학이 현대인의 전체적인 세계관을 지배하면서, 사람들은 오직 과학의 성과와 번영에 눈이 멀었다. 그들은 진정한 인간다움에 대한 중요한 질문들을 외면하게 되었다.[10]

그러나 동시에 그는 신비주의로 빠지는 철학은 철학으로 보지 않았다.[11] 신비주의라는 비난은 인문학이 주로 받았으나, 후설은 철학에서도 때때로 발생한다고 생각했다. 그래서 이 문제를 건설적으로 해결하기 위해 후설이 제안한 방법이 바로 '선험 현상학'이다.

'선험'이라는 단어를 들으면, 노련한 철학 애호가들은 곧바로 칸트를 떠올릴 것이다. 칸트는 인간이 어떤 조건에서 경험하고 깨닫고 판단할 수 있는지 사색했다. 그리고 오직 이런 사색으로만 우리가 인식하는 세계의 조건을 이해할 수 있다고 보았다. 후설은 칸트의 이런 접근으로부터 한 걸음 더 나아간다. 후설에게는 현상은 결정적 요소다. 경험을 통해 세계가 의식 속에 자리를 잡음으로써 세계를 파악한다. 그래서 후설은 세계를 지각할 수 있는 조건보다 다양한 삶의 상황에 더 관심이 있었다. 그의 사고 과정에서 핵심 요소는 관찰과 묘사다.[12]

후설의 접근법은 생각 과잉으로 괴로워하는 사람들에게 매우 유용하다. 이렇게 성찰할 줄 아는 사람은 고민이 아무리 많아도 그것들과 맞대면할 의지가 있으며 그럴 능력도 있기 때문이다. 그러나 '소위' 합리적이라는 주장이 '소위' 감정에 의해 좌우되는 생각의 무한 루프와 만나면 즉시 교착 상태에 빠진다.

여기서 나는 의도적으로 '소위'라는 단어를 사용하여 두 상태 모두를 나타냈다. 그 이유는 생각 과잉을 방지하는 모든 주장도 항상 합리적이지 않고, 생각의 무한 루프도 항상 이성적인 기준을 통과하지 못한 채 비합리적으로 뒤죽박죽 어질러져 있지만은 않기 때문이다. 두 상태 모두 비합리적일 수 있지만,

고민 자체를 비합리적이라고 정의할 근거는 없다.

심지어 나는 다음과 같이 주장하고 싶다. 우리는 오직 깊이 고민할 때만 후설이 말하는 생활세계에 도달하게 된다. 생각의 쳇바퀴를 돌리고 있는 자기 자신을 관찰하고, 의식 속에 자리 잡은 특정 경험이 자신에게 어떤 영향을 미치고 어떤 의미를 갖는지 자문함으로써 선험 현상학을 실천한다. 현상학을 위해 후설이 만든 구호는 바로 "사태 자체로 돌아가라!"였다.

후설은 "오직 사실만 다루는 학문은 오직 사실만 아는 인간을 만든다"[13]라고 분명하게 말한다. 이로써 그는 생각이 너무 많은 사람은 이미 잘 알고 있는 '틈새'를 드러낸다. 이 틈새, 즉 '공백'은 사실을 알면서도 생각 과잉에 빠지게 하는 빈 공간이다. 이 빈 공간에서 우리는 추진력을 얻어 다시 생각의 쳇바퀴를 돌린다.

하지만 이 틈새를 유리하게 활용할 수도 있다. 후설은 포괄적 활용 방법을 처방하지 않는다. 어떤 생활세계에서 자신을 관찰하고, 어떻게 생활세계를 인식하는지는 수시로 바뀌는 문제다. 인식은 다양한 문화적 배경, 신화, 경험 등 여러 요인에 의해 형성되는 매우 개인적인 것이기 때문이다. 그리고 누군가 이 인식을 보편적인 틀로 해석해야 하는 것이 아니냐고 묻더라도 후설은 그런 동질성보다 개인의 다양성을 인정해야 한다고 대답할 것이다.[14] 실제로 후설의 생활세계는 항상 복수형이다.

점점 복잡해지는 현대의 다문화 사회와 관계의 맥락 속에서 그는 이를 위기가 아니라 기회로 이해한다.[15]

생각 과잉과 관련하여 여기서 도출할 수 있는 결론은 이렇다. 역시나 빠른 해결책이나 보편적으로 유효한 해결책은 없다. 하지만 이것이 나쁜 일은 아니다. 후설이 묘사한 것처럼 위기를 직면했을 때 오히려 더 현명하게 고민해야만 한다. 그러면서 인식의 개별성을 깨닫고, 지금과 전혀 다른 관점도 있다는 것을 깨닫는다. 그 덕분에 나의 관점을 검토할 여지도 생긴다. 이런 검토 과정을 통해 생각의 무한 루프로부터 성큼 벗어날 수 있다.

불안한 미래에 관한
아주 많은 이야기들

앞으로 잘못될 수 있는 일이 뭐가 있을까?

이 지구에 사는 사람이라면 누구나 안다. 앞으로 잘못될 수 있는 일은 아주 많다. 이 질문의 영어 버전인 「What could possibly go wrong?」이라는 제목 아래, 크고 작은 재난을 소재로 하는 수많은 밈이 있다. 내가 가장 좋아하는 밈에는 늑대가 나온다. 늑대는 이 질문을 생각하며 조심스럽게 인류 문명으로 상징되는 모닥불에 다가간다. 다음 슬라이드에는 뚱뚱한 퍼그가 등장한다. 파티용 고깔모자, 깃털 목도리, 프릴 원피스를 입은 이 개의 정체를 유추하기란 어려운 일이 아니다.

살면서 심각한 위기를 겪어 본 사람이라면 최악의 시나리오도 현실이 될 수 있다는 것도 안다. 가능성이 아무리 낮은 일이라도 얼마든지 발생할 수 있다. 그러면서 세상과 타인 그리고 자기 자신에 대한 신뢰가 심각하게 깨질 수 있다. 깨진 신뢰는 어쩌면 완전히 회복할 수 없을지도 모른다.

그렇더라도 최악의 결과를 예상해 보는 것은 매우 유익하다. 이 방법은 불안 장애를 치료할 때 상당히 인기 있는 인지 행동 치료법이다.[16] 구체적인 치료 방법은 비교적 간단하다. 스스로 이렇게 질문하면 된다. 내가 현재 상상하는 모든 공포가 실제로 일어난다면 어떻게 될까? 어떻게 대처해야 할까?

간단한 예를 들어 보자. 내가 일하는 회사의 재정이 많이 어려워졌다. 그래서 어쩌면 직장을 잃을지도 모른다. 전망이 그다지 희망적이지 않다. 해고된다면 수많은 문제가 생길 것이다. 아마 심각한 문제들일 테고, 심지어 몇몇 문제는 절대 원치 않는 상황일 것이다. 더 작은 집으로 이사해야 하거나, 새 직장을 위해 거주지를 옮겨야 하거나, 장기적으로 실업과 빈곤에 시달릴 수도 있다.

이런 문제들은 단순히 심각하게 들리는 것으로 끝이 아니다. 정말로 심각한 문제고, 가볍게 여겨서는 안 된다. 하지만 지금껏 우리가 겪은 삶은 제아무리 최악의 시나리오라고 해도 대개 어떻게든 감당이 된다는 것을 보여 주었다. 좋은 일도 아니고 바라던 일도 아니지만, 막상 맞닥뜨리면 두려움에 떨었던 만큼 심각한 재앙도 아니다.

하지만 이것은 나처럼 걱정 많은 사람에게는 상당히 대담한 발언이다. 내 운명의 추첨함에는 항상 '암 재발로 인한 죽음'이라는 제비가 들어 있고, 죽을 때까지 남아 있을 것이기 때문이다. 생각 과잉이 만들어 내는 재앙은 보통 현실에 기반하는 냉철한 분석 결과보다 훨씬 더 불안하고 창의적이며 지금도 그렇다. 이런 경향은 특히 일상적인 문제에서 더욱 두드러진다.

최악의 시나리오에 직면하는 것은 두려운 일이다. 이미 생각 과잉에 갇혀 있다면 더욱 그렇다. 생각의 쳇바퀴를 돌리는 동안에는 상황이 어느 방향으로 흘러갈지 명확하게 볼 수 없기 때문이다. 어찌저찌 겨우 쳇바퀴에서 내리더라도 여전히 어지러워 비틀댄다. 그 어지러움이 가라앉아야만 마침내 흔들리지 않는 발밑의 땅을 발견할 수 있다.

바로 이때가 최악의 시나리오에 직면하기에 좋은 시점이다. 아무리 힘들더라도 이성의 묘약을 한 모금 들이켜야 한다. 최악의 시나리오를 상상해야만 한다. 하지만 그 시나리오는 반드시 현실성이 있어야 한다. 지구의 모든 생명체를 파괴할 운석 충돌이 임박한 시나리오는 여기에 포함될 수 없다.

뭐, 하지만 일단 그런 현실성 없는 상상이라도 시도해 보자. 만약 앞으로 24시간 안에 운석이 충돌하여 지구가 파괴된다면 그야말로 대재앙일 것이다. 하지만 솔직히 말해서 어차피 우리는 아무것도 할 수 없는 상황일 테고, 그냥 파괴되도록 둘 수밖에 없다. 내일 인류가 모두 멸망한다고 생각하니 오늘 직장에서 해야 할 일들이 하찮아 보인다. 모든 것이 무의미해진다. 메일함 정리? 마감일 맞추기? 갑자기 아무것도 중요하지 않다.

어떤가. 완전히 진지한 것은 아니지만, 최악의 재앙을 예상하는 전략의 효과를 보여 주는 제법 괜찮은 예다. 어쨌든 지금까지 알려진 그 어떤 사례에서도 세상은 종말을 맞지 않았다. 그러니 최악의 시나리오를 예상한 다음 질문이 곧바로 이어져야 한다. 이 시나리오가 정말로 최악일까?

나는 독이 되는 긍정주의에 빠질 마음이 전혀 없고, 우리가 고민하는 문제를 그저 도전이나 가시덤불 속 기회라고 주장하고 싶지도 않다. 문제는 문제다. 나쁜 상황은 미화한다고 나아지지 않는다. 하지만 어쩌면, 정말 어쩌면 최악의 시나리오 시뮬레이션을 통해 자세히 살펴보면 모든 문제가 처음 생각했던 것만큼 끔찍한 재앙은 아닐 수도 있다.

앞서 언급한 예에서 운석 충돌을 빼고 다시 생각해 보자. 아무도 직장을 잃고 싶어 하지 않는다. 하지만 어쩌면, 정말 어쩌면 원래 그 직장이 적성에 잘 맞지 않았을지도 모른다. 그렇다면 해고는 적성에 맞는 다른 직장을 찾을 좋은 기회다. 다른 곳으로 이사하는 것 역시 무시할 수 없는 어려움과 불이익을 가

져오겠지만, 잘 생각해 보면 이로운 점이 있을지도 모른다. 정
말 운이 좋다면 이사한 곳에서 지금까지는 없던 새로운 시야를
가질 수도 있지 않을까?

물론 처음에는 마냥 긍정적으로만 보이던 것도 장기적으로
는 그렇지 않을 수 있다. 하지만 그 반대도 마찬가지다. 모든
비극이 항상 비극으로만 끝나지는 않는다.

막연한 두려움으로
뛰어드는 법

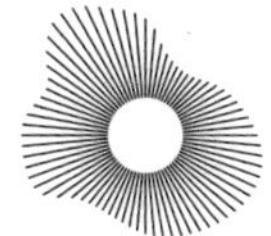

　고민의 달인 림비 씨는 이쯤에서 더는 참지 못한다. 그럴 만
하다. 우리의 끔찍한 상상은 종종 실제로 일어나기 때문이다.
특정한 불행들이 나에게는 닥치지 않을 거라고 믿으며 살아가
는 수밖에 없다. 그래야 안심할 수 있고, 무엇보다 실제로 일어
날 가능성도 아주 낮기 때문이다. 예를 들어 많은 사람이 매일
교통사고로 죽는다. 하지만 왜 하필이면 나나 내가 사랑하는
사람들에게 그런 일이 일어나겠는가? 매일 아침 교통사고를 걱
정하는 질문은 하지 않는 것이 옳고, 정신 건강에도 좋다. 매일
그런 일을 걱정한다면 종일 그냥 집에 누워만 있어야 한다.
　그러나 2023년 독일 도로에서 교통사고로 사망하여 집에

돌아오지 못한 사람은 2389명이나[17] 된다. 분명 그들도 그날 아침에 "교통사고로 죽으면 어쩌지?" 같은 걱정이나 상상은 하지 않았을 것이다. 이들의 가족과 친구들도 가장 가까운 사람이 2389명 중 한 명이 되리라고는 꿈에도 생각하지 못했을 것이다. 당연하다.

하지만 일반적인 믿음을 저버리는 상황이 일 년에 2389번이나 있었다고 해서 갑자기 이런 믿음이 틀렸다고 할 수는 없다. 그렇다면 이것이야말로 생각을 덜 하는 것이 낫다는 것을 보여 주는 대표적인 예가 아닐까? 치명적인 교통사고는 걱정해도 막을 수 없고, 걱정 안 해도 막을 수 없다. 그렇다면 아예 걱정이라도 안 하는 편이 나은 것 아닐까?

그렇지 않다. 원칙적으로 나는 이렇게 반박하고 싶다. 교통사고의 위험을 인식하면 사전에 합리적인 대응을 끌어낼 수 있다. 위험에 대한 인식 없이는 적절한 예방과 대응도 없다. 우리는 교통사고의 위험을 인식하고 있어서 정기적으로 에어백을 점검하고, 자전거나 오토바이를 탈 때 헬멧을 착용하는 등 다양한 안전 조치를 취한다.

물론 이런 조치들로 모든 사고를 예방할 수 있으면 좋겠지만, 안타깝게도 현실은 그렇지 않다. 녹색 신호에 건너는 보행자를 치고 가는 트럭 사고는 대책이 없다. 이렇게 예측하거나 예방할 수 없는 일들이 있다. 그렇다고 해서 그런 예측 불가의 상황이 사고 가능성에 관한 생각을 아예 하지 말아야 한다는 근거는 될 수 없다. 누군가는 이렇게 생각할지도 모른다. "그럼 도대체 어쩌라는 거야?"

여기서 다시 철학이 신속한 도움을 줄 수 있다. 철학에는 인생 여정에 필요한 여러 준비물 외에도 이른바 '양상 원리' 또는 '양상 논리'가 있다. 아리스토텔레스와 고트프리트 빌헬름 라이프니츠^{Gottfried Wilhelm Leibniz} 같은 저명한 사상가들로부터 유래한 이 개념은 단순하게 사용하면 생각 과잉을 막아 주는 꽤 괜찮은 도구가 된다. 이 양상 논리에 따르면, 모든 존재에게는 세 가지 다른 상태가 있다.

> 가능성 상태: 근본적으로 막을 수 있는 것이 없기에 무슨 일이든 실제로 일어날 수 있다.
>
> 필연성 상태: 다른 선택지가 없으므로 어떤 일이 반드시 일어난다.
>
> 현실 상태: 어떤 일이 현실에서 실제로 일어난다.

어느 특정한 불행이 나에게 닥칠까 봐 걱정될 때는 이 논리에 근거해서 일단 발생 가능성부터 따져 보자. 만약 가능성이 있다면, 그것이 필연적으로 일어나는지 아니면 다른 시나리오도 가능한지 생각해 본다. 대개 결론은 후자다. 대체로 모든 상황은 얼마든지 다르게 전개될 수 있다. 내가 생각하기에, 그리고 나의 인생 경험에 비추어 볼 때 그렇다는 얘기다.

자, 어쨌든 계속해서 생각을 이어가 보자. 불행한 사건이 실제로 발생할 확률, 즉 그 가능성은 얼마나 될까? 구체적인 상황과 개인의 감정 상태에 따라 확률은 높아 보일 수도 낮아 보일 수도 있다. 하지만 대개는 걱정하지 않아도 되는 수준이다. 최소한 오늘은 걱정하지 않아도 될 것이다. 당장 일어나지도 않을 일을 걱정하느라 생각의 쳇바퀴를 돌릴 필요는 없다. 비록 우려했던 상황이 실제로 일어나고, 그것을 막을 수 없는 절망적인 상황이 계속해서 뇌리에 남아 있더라도 말이다.

그렇다면 절망은 불가항력일까? 그렇지 않다. 절망도 결국은 감정이다. 그렇기에 현실적으로 절망을 금지하는 것은 불가능하다. 나에게도, 남에게도 마찬가지다. 저널리스트 로냐 폰 부름프자이벨Ronja von Wurmb-Seibel은 절망을 어느 정도 편리하게 이용할 수도 있다고 생각한다. 전 세계 여러 위기 지역에서 고통과 참상을 자주 경험하는 그녀 같은 기자에게는 '디지털 디톡스', 즉 모든 뉴스를 끊고 타조처럼 모래에 머리를 파묻는 현실 도피가 상당히 매혹적이다.

이 매혹적인 방법은 기본적으로 절망을 원동력으로 삼는다. 그녀도 그런 매혹에서 헤어 나오지 못할 뻔했지만, 다행히 절망이라는 쉬운 탈출구를 거부하는 데 성공했다.

이때 폰 부름프자이벨에게 도움이 된 것이 바로 리베카 솔닛Rebecca Solnit의 다음과 같은 성찰이었다. 솔닛은 절망에 대처하는 인간을 크게 네 가지 유형으로 나누었다. 먼저, 솔닛 본인 같은 유형의 사람은 (흔히 정치적 논쟁에서 논거로 등장하는) 절망을 어려운 상황에 처한 희생자들과의 연대 행위로 본다. 이 경우, 희생자들이 자기 자신을 희생자로 여기는지 아닌지는 상관없다.

그런가 하면 개인적으로 절망하는 사람들도 있다. 이들은 자신의 감정을 일반화하여 사회적 논쟁에 개입할 수 있고, 그런 유의 절망은 금세 우울감으로 변질된다. 사회적 논쟁이 현실을 반영하는지 아닌지 역시 상관없다.

솔닛이 발견한 세 번째 유형은 바로 절망을 선포하는 사람들이다. 이들은 공포를 불러일으킬 수 있고, 일으켜야만 하는 디스토피아 시나리오를 만들며, 자연스럽게 어느 정도의 권위를 부여받는다. 마지막 유형으로, 너무 오랫동안 희망을 품고 투쟁해 온 탓에 절망에 맞설 수 없을 정도로 지쳐 버린 사람들도 있다.[18]

어쩌면 모든 유형이 달갑지 않고 돌파구도 없어 보일지 모른다. 하지만 폰 부름프자이벨은 자신을 되돌아보면서 『우리가 세상을 보는 방식』이라는 책을 썼다. 이 책에서 그녀는 자기 자신과 기자라는 일을 위해, 절망에 무기력하게 굴복하지 않기 위해 어떤 새로운 길을 찾았는지 보여 준다. 예를 들어 아프가니스탄에서 기자로 일했던 그녀는 최악의 상황을 상상할 필요조차 없었다. 현실에서 벌어지는 매일매일 최악의 상황이었기 때문이다. 하지만 그녀는 자신과 동료들을 비롯한 기자들이 오직 문제점을 지적하고 폐단을 폭로하는 일에만 매몰된 것을 의도적으로 비판했다.

> 저널리스트들은 극단적인 폭로가 큰 우려와 관심을 불러일으킬 수 있다고 굳게 믿고, 모든 위기를 가능한 한 떠들썩하게 보도한다. 해결책을 찾는 일은 다른 사람들의 몫으로 남는다. 하지만 우리가 맞닥뜨린 문제가 더 극단적이고, 더 부정적으로 묘사될수록 우리는 그 문제를 해결하려는 의지를 잃는다. 바꿀 수 있다는 믿음이 더는 생기지 않기 때문이다.[19]

그래서 폰 부름프자이벨은 자신의 보도 태도를 바꾸기로 했다. 미화나 왜곡이 아니라 희망이라는 렌즈를 통해 보도하기로 했다. 절망적인 상황 속에서도 미래 전망을 항상 모색했다. 이 희망은 때로는 숨겨져 있어서 찾기 어렵고, 또 때로는 모순처럼 느껴지더라도 말이다.[20] 다시 말해 그녀는 부정적이기만 한 생각의 무한 루프에서 벗어나 현명한 고민의 길로 들어섰다.

보통은 절망에 빠지면 폰 부름프자이벨과는 정반대로 행동한다. 모든 것을 포기하고 생각 과잉에 갇혀 버린다. 생각의 쳇바퀴가 얼마나 돌아갔는지 신경 쓰지 않는다. 어차피 벗어날 길이 없다고 믿기 때문이다. 이 지점에서 다시 한 번 강조하고 싶은 것은 이런 종류의 분석 마비 상태는 지극히 정상적인 일이라는 것이다. 두려움은 얼마든지 마비 효과를 낼 수 있다.

하지만 두렵더라도 폰 부름프자이벨처럼 문제 상황, 심지어 재앙과도 같은 상황에서 주변을 둘러볼 수도 있다. 그러다 보면 긍정적인 면이나 해결책을 찾을 수도 있고, 두려움의 마비에서 벗어날 수도 있다. 그렇게 앞으로 나아가면서 유익한 성찰 단계에 도달한다. 마침내 생각의 쳇바퀴에서 벗어나 자기 자신에게로 돌아오는 것이다.

모든 상황에서 긍정적인 면을 찾을 수 있다거나 찾아야 한다는 뜻은 아니다. 또한, 충분히 오래 고민하면 절망적인 상황을 항상 성공적인 프로젝트로 바꿀 수 있다는 뜻도 아니다. 언제나 승리하는 것은 불가능하다. 특히 질병과 죽음 앞에서는 더욱 그렇다. 하지만 생각하는 힘을 이용해 이 모든 것들에 더 용감하게 맞설 수 있다. 이것이야말로 희망을 품어야 하는 진짜 이유다.

깊은 생각이
절망을 이긴다

이 지점에서 몇몇 예리한 독자들은 고민의 달인 림비 씨와 동맹을 맺고, 내가 고안한 현명하게 고민하기 전략의 약점을 우연히 발견했을지도 모른다. 당연히 그 부분도 다룰 예정이다. 지금까지는 계속 더 잘 생각하는 법을 배워야 현명하게 고민할 수 있다는 이야기만 했다. 그러면서 반복적인 쳇바퀴 또는 어느 정도의 무한 루프를 금지하지 않고도 더 깊이 성찰하며 해결책을 찾을 수 있다고도 말했다. 이때 목표는 결정 마비에 빠지지 않고 즉각적인 행동으로 옮기는 것이다. 나 역시 이것을 지지하고, 더 나아가 이것이 바로 일상적으로 생각 과잉에서 벗어날 수 있는 올바른 전략이라고 덧붙이고 싶다.

하지만 '행동'이라는 선택지 자체가 없으면 어떻게 될까? 나의 힘으로는 어떤 영향을 미칠 수 없는 상황에 있다면? 어지러움에 비틀거리지 않고 똑바로 걸을 수 있는 길 자체가 없다면? 생각의 쳇바퀴에서 벗어나려는 모든 시도가 헛되고, 모든 기발한 생각이 소용없다면? 그러면 어떻게 될까?

객관적으로 볼 때 삶에는 기다리는 것 말고는 아무것도 할 수 없는 순간과 상황이 있다. 그런 때일수록 생각의 무한 루프가 특히 고통스럽게 느껴지는 것도 당연하다. 생각의 무한 루프는 우리를 괴롭게 만들뿐, 실제로 아무런 결과도 낳지 못하기 때문이다. 아무리 노력해도, 아무리 훌륭한 고민 전문가가 되어도 소용없다.

이럴 때 코칭 업계에서는 종종 사고방식을 바꿔서 부정적인 상황을 긍정적으로 바라보라고 조언한다. 최소한 생각만이라도 그렇게 해 보라는 것이다. 나는 관점을 바꿔 잠시 다른 사람이 되어 생각해 보는 것을 좋아하지만, 이런 식으로 그냥 다른 관점을 느껴 보라는 획일적인 조언은 나를 화나게 한다. 첫째, 이는 상당한 자기기만 없이는 불가능하기 때문이다. 장기적으로는 더더욱 그렇다. 둘째, 위기에 처한 사람들에게 마치 불행의 원인이 자기 자신인 것처럼 느끼게 만들기 때문이다. 이는 도움도 안 되고, 정당한 조언도 아니다. 문제를 대수롭지 않게 치부하는 것 역시 전혀 도움이 되지 않는다.

한 줄기 희망조차 보이지 않는 상태에서 엎친 데 덮친 격으로 과도한 고민에 빠지는 것은 매우 끔찍한 일이다. 인간은 본능적으로 절망을 회피하려 한다. 절망은 맹렬한 힘으로 우리를 나락으로 내몰기 때문이다. 존재 자체를 위협받는 일을 두려워하는 것은 당연하다.

그럼에도 나는 이 지점에서 다시 생각의 깃발을 높이 올리고 싶다. 있지도 않은 행동의 선택지를 마치 있는 것처럼 속이려는 것이 아니다. 어떤 형태의 고민은 비록 해결책을 주지는 못하더라도 다른 유용한 것을 줄 수 있다. 즉, 우리에게 위로를 주고 어쩌면 심지어 상황을 받아들일 수 있게 해 준다. 이런 위로의 효과는 절대 무시할 수 없는 것이다.

철학자 한나 아렌트Hannah Arendt는 자신의 저서 『어두운 시대의 사람들』에서 이런 문제에 철학이 어떤 도움을 줄 수 있는지 보여 준다. 유대인 지식인이었던 아렌트는 나치가 권력을 장악하면서 독일을 떠나야 했다. 그녀는 파리에서 철학자 하인리히 블뤼허Heinrich Blücher를 만났다. 블뤼허는 스탈린의 정책에 반발해 공산주의를 거부한 것으로 알려져 있지만, 초기에는 공산주의에 대한 열정으로 망명 생활을 하고 있었다. 두 사람은 1940년에 결혼했고, 그 직후 강제 수용소로 이송되었다. 다행히 두 사람 모두 탈출에 성공하여 미국으로 이주했다. 아렌트는 수용소에 수감되어 있을 때, 베르톨트 브레히트^{Bertolt Brecht}의 시가 수감자들에게 큰 힘이 되었다고 말한다.

그 시는 들불처럼 수용소 전체에 퍼져 나갔고, 복음처럼 입에서 입으로 전해졌다. 오, 주여. 절망으로 가득한 이 지푸라기 침상들이야말로 희망의 메시지가 절실히 필요한 곳이었다.[21]

블뤼허는 브레히트와 그의 부인 헬레네 바이겔^{Helene Weigel}이 망명 생활을 했던 덴마크에서 철학자 발터 벤야민^{Walter Benjamin}을 통해 브레히트의 시를 만났다.[22] 시의 제목은 「노자가 망명 길에 도덕경을 쓰게 된 전설」로, 중국 철학자 노자가 나온다. 이 시는 노자가 망명길에 세관을 만난 이야기를 소재로 한다.

세관은 노자에게 검문을 해야 하니 가진 물품을 다 꺼내라고 말한다. 하지만 노자는 내보일 만한 물품이 없었다. 그의 '귀중품'은 오로지 철학적 가르침 속에만 있었기 때문이다. 노자가 그렇게 말하자 세관은 거기에 어떻게 이렇다 할 보물이 있냐며 조롱하듯 묻는다. 그때, 옆에 있던 동자가 이렇게 대답한다.

흘러가는 부드러운 물이

시간이 흐르면 단단한 돌을 이긴다는 것이요.

단단함이 부드러움에 굴복한다는 것을 이해하시겠어요?[23]

아렌트에게 이 글귀는 "가장 조용하고 가장 위안이 되는 시"[24]였다. '단단한 것', 즉 지금은 외부의 압박이 그녀의 한계를 넘어서 괴롭게 만들더라도, 상황은 언제든 바뀔 수 있다는 믿음을 주는 시였다. 그러면서 아렌트는 이 시를 비폭력의 힘을 강조하는 것으로 이해하는 동시에 비통함을 견디라는 호소로도 이해하고자 했다. 그럴 만했다.

하지만 이 시에는 아렌트가 이해한 것보다 더 깊은 메시지가 담겨 있다. 우리의 생각 여행을 기념하는 앨범 표지에 금박으로 새겨 넣어도 손색없는 메시지다. 결국 세관은 노자에게 그의 가르침을 적어 달라고 요청하는데, 전설에 따르면 이것이 바로 노자의 걸작이 세상에 처음 등장하게 된 계기다. 브레히트는 다음과 같이 시를 끝맺는다.

그러나 우리가 찬양하는 사람은
책 속에서 그 이름이 찬란히 빛나는 현인만이 아니다!
먼저 현인에게 지혜를 청하는 과정이 있어야 한다.
그러므로 세관에게도 감사해야 한다.
그가 현인에게 지혜를 달라고 청했으니.

정말이지 아름다운 호소다. 브레히트는 우리 같은 철학 여행자들에게 격언을 읽는 데 그치지 말고, 그 생각을 자기 생각으로 만들라고 말하고 있다. 바꿀 수 없는 위기 상황에서 위안을 얻고, 그 상황을 받아들이는 또 다른 이야기를 찾아보자. 우선, 지금보다 훨씬 더 먼 과거인 고대 로마까지 거슬러 올라간다. 마르쿠스 아우렐리우스^{Marcus Aurelius}는 로마 황제였을 뿐만 아니라, 스토아 철학을 대표하는 중요한 철학자다. 그의 가르침은 수천 년 동안 이어져 왔는데, 최근 들어 새삼스레 놀라운 인기를 누리고 있다. 이 놀라운 인기의 이유는 무엇일까?

우리는 보통 신문 헤드라인이나 마트 진열대의 가격표를 보면서 사회의 위기를 체감한다. 하지만 세상의 주요 문제들을 바꾸기 위해 개인이 할 수 있는 일이 거의 없다. 그러므로 그저 위안을 얻고, 상황을 더 편안하게 받아들이고 싶은 마음은 매우 자연스러운 욕구다. 스토아학파의 지혜는 이런 우리에게 위기를 헤쳐 나가는 힌트를 주기 때문에 큰 인기를 얻었다.

하지만 스토아학파의 철학을 배우고, 그 지혜가 은쟁반에 담아 건네는 다음 여정의 정확한 좌표를 받아 들기만 하면 되는 것이 아니다. 이는 앞서 브레히트의 호소와도 일맥상통한다. 그리스 철학자 에픽테토스^{Epictetus}는 이렇게 말했다.

인생에서 가장 중요한 과제는 사물을 인식하고 그것들을 서로 구별하는 것이다. 이를 통해 내가 통제할 수 없는 외부 상황과 내 힘으로 결정할 수 있는 상황을 구분할 수 있다.[25]

이 말에는 당연히 어느 정도 진실이 담겨 있다. 그러므로 라이프 스타일이나 자기 계발을 다루는 온갖 웹사이트에서 이 말이 인용되는 것도 결코 우연은 아니다. 그럼에도 나는 당돌하게 에픽테토스를 비난하고 싶다. '바꿀 수 있는 것'과 '바꿀 수 없는 것'을 구별하는 일은 분명 중요하다. 하지만 그것이야말로 가장 풀기 어려운 문제고, 우리는 다시 생각 과잉에 빠진다.

물론 명확히 구별되는 상황도 있다. 예를 들어 중동 분쟁은 내가 바꿀 수 없지만, 내일의 날씨에 맞는 옷차림은 내가 바꿀 수 있다. 하지만 인생의 많은 것들은 대체로 그렇게 명확히 구별되지 않는다. 바로 그때 우리는 쉽게 생각 과잉에 빠져든다. 내가 내리는 결정은 어쩌면 변화를 만들 수도 있고, 그렇지 않을 수도 있다. 그래서 항상 의문이 생긴다. 애초에 내가 만들 수 있는 변화가 과연 긍정적일까? 오히려 상황을 더 나쁘게 만들지는 않을까?

상황이 어느 범주에 속하는지 파악하는 것은 분명 중요하다. 하지만 그것만으로는 충분하지 않다. 에픽테토스에게는 미안하지만, 우리는 철학자이자 황제였던 마르쿠스 아우렐리우스의 손을 잡고 나아가 보자. 유서 깊은 딥 씽킹의 팬이기도 한 그는 깨달은 바를 저서인 『명상록』에 다음과 같이 썼다.

주의 깊게 읽을 것. 대략적인 의미를 이해했다고 해서, 안주

하지 말 것. 아름다운 말을 하는 사람들에게 성급하게 동의하지도 말 것.[26]

아우렐리우스의 『명상록』은 사실 그의 지극히 개인적인 성찰이다. 황제의 사적인 생각이 역사적 우연의 일치 덕분에 우리에게 전해졌다고 볼 수 있다. 어떤 부분은 현대인의 귀에 이상하게 들릴 수도 있지만, 성찰을 통해 평온을 찾는다는 근본적인 메시지는 생각의 무한 루프에서 벗어나 생산적인 고민을 돕는 구조 밧줄이 될 수 있다. 이 메시지는 즉각적이고 실행 가능한 해결책이 전혀 없거나 없어 보일 때 특히 유용하다.

그러므로 이런 특별한 경우에도 "그냥 내려놓는 것보다 더 많이 생각하는 것이 그래도 항상 더 유익하다"고 말할 수 있는 것이다. 절망적인 상황 그 자체보다도 생각하는 과정이 더 우리를 괴롭게 만들더라도 말이다. 아무리 괴로워도 나는 지금 생각의 무한 루프에 갇혀 있다는 사실을 잊지 말아야 한다. 그래야 더 현명하게 고민할 수 있다.

해결책은 외부가 아니라 우리 머릿속에 있다. 이렇게 하면 생각 과잉에 빼앗긴 자기 효능감도 어느 정도 되찾을 수 있다. 이는 산 정상에서 햇살을 받으며 탁 트인 시야를 즐길 때처럼 상당히 기분 좋은 경험이다. 마침내 우리 여정의 최종 목적지인 딥 씽킹이 선명히 보인다.

어떤가. 여기가 바로 여정의 마지막 단계다. 되돌아보자. 우리는 가짜 뉴스와 대안적 사실이 지배하는 시대에 살고 있다. 이런 상황에서 방향을 잡기란 쉽지 않고, 그래서 불안이 엄습한다. 생각의 쳇바퀴는 이 불안을 원동력 삼아 점점 빠르게 돌아간다. 그러므로 생각의 쳇바퀴를 멈추기 위해 모순되는 정보를 집중적으로 탐구하여 진실을 찾아야 한다.

그러나 이것조차 우리를 잘못된 길로 이끌어 더욱 깊은 고민에 빠지게 하고, 사고까지 마비시킬 수도 있다. 그래서 우리는 후설의 철학에서 확실하다고 믿었던 것들이 흔들리기 시작할 때도 곁에 있어 주는 여행 동반자를 찾았다. 사물 그 자체로 돌아가는 그의 현상학이 용기를 주었다. 생활세계의 다양성 속에서 다양한 방식으로 답을 찾을 기회를 얻었다.

우리는 고민할 수 있고, 또 고민해야 한다. 우리가 구한 답은 종종 모호해서 받아들이기 쉽지 않지만, 사실 애초에 삶이란 그런 것이다. 세상이 어떻게 말하든 자신의 경험을 부정하거나 무시하지 않아도 된다. 이 모든 것이 결국 생각의 여정이기 때문에 의식적인 결정과 행동에 이르기 전까지 몇 번 정도는 우회로와 생각의 샛길로 빠져도 괜찮다. 그렇게 함으로써 이 복잡한 세상을 있는 그대로 받아들일 수 있다. 그러면서도 그것 때문에 마비되거나 절망에 빠질 일도 없다.

물론 "만약에……"라는 걱정이 생각 과잉의 강력한 동력으로 작용해 심연을 응시하도록 만들 수도 있다. 하지만 그 심연으로 굴러떨어지지 않고 얼마든지 방향을 바꿀 수 있다. 최악의 시나리오를 예상함으로써 어떤 대응책이 필요한지 생각해 볼 기회를 얻는다. 설령 구체적인 행동 대응책을 찾지 못하더라도 괜찮다. 아렌트가 보여 주었던 것처럼 예술 같은 다른 형태로 생각에 깊이 몰입함으로써 또 다른 위안을 얻을 수 있다.

이렇게까지 했는데도 도저히 바꿀 수 없다고 느껴도 역시나 괜찮다. 우리에게는 언제든지 따를 수 있는 마르쿠스 아우렐리우스가 있다. 그의 철학을 통하면 반드시 평온함에 도달한다. 잠시 절망에 자리를 내어 주되, 언젠가 때가 되면 다시 내면의 무대에서 물러나달라고 청할 수 있다. 우리는 끝없이 생각하며 머리로 할 수 있는 다른 모든 것, 위로와 수용 그리고 현명한 고민을 통해 계속해서 새로운 시각을 발견한다. 이것이 바로 딥 씽킹의 정체다.

THINK DEEP

6부

생각을 만드는
더 깊은 생각

딥 씽킹,
진짜 생각의 스위치를 켜다

우리는 이 한 권에 담긴 철학 여정을 통해 생각 과잉이라는 덤불 속을 상당히 깊이 파고들었다. 그 여정은 정글 탐험과도 같았다. 처음에는 철학이라는 마체테만 있으면 생각, 걱정, 두려움의 덤불을 더 쉽게 헤쳐 나갈 수 있을 것처럼 보였다. 철학의 무기로 손실을 고려하지 않고 과감하게 칼을 휘두르며 생각을 잘라 낼 심산이었다.

하지만 정원 울타리를 다듬어 본 사람이라면 누구나 알 것이다. 아주 살짝 무성해진 울타리도 거칠게 마구잡이로 접근할수록 힘이 더 든다. 처음에는 무작정 쳐내는 방식이 가장 빠른 것처럼 보여도, 그런 식으로는 형형색색의 나비들, 희귀한 새

들, 쿵쿵대는 고슴도치들의 울타리 속 둥지와 은신처를 파괴할
뿐이다.

생각도 마찬가지다. 무작정 잘라 내는 방식은 생각 과잉을
잠시 멈출 뿐이다. 얼마 지나지 않아 생각이 다시 잡초처럼 자
라날 것이다. 이미 살펴본 것처럼 생각을 멈추기만 해서는 생
각 과잉에서 완전히 벗어날 수 없기 때문이다. 또, 무턱대고 생
각을 멈추는 것은 자기 인식과 자기 이해를 위한 공간을 스스
로 없애는 것이다. 이 두 가지는 우리를 괴롭히는 생각의 무한
루프에서 벗어나 앞으로 나아가는 데 가장 필요하다.

이 여정에서 우리는 제자리를 맴도는 생각에서 그냥 도망칠
수 없다는 것도 배웠다. 현실 도피는 기껏해야 잠깐의 안락함
을 제공할 뿐이다. 은둔자나 미친 음모론자가 되지 않는 한, 현
실을 완전히 피할 수 없다. 괴로운 생각 과잉을 회피하고 일시
적 안도감을 얻는 것은 궁극적인 해결책이 아니다.

다른 사람과의 관계는 특히 자주 생각 과잉의 원인이 된다.
하지만 인간관계는 만족스러운 삶에서 가장 중요한 요소라는
사실이 이미 증명되었기 때문에 나 자신을 위해서라도 무작정
회피할 수만은 없다. 다른 사람들과 의미 있는 관계를 맺고 싶
다면 자기 자신과도 가능한 한 평화롭게 지낼 줄 알아야 한다.
나는 어떤 사람인지, 내가 정말 원하는 것은 무엇인지 등 나에
대해 잘 알수록 다른 사람과 원활하게 소통할 수 있기 때문이

다. 이는 죄책감이나 무작정 다른 사람의 비위를 맞추려는 피플 플리징에 빠지는 것을 막는다. 대신 정말로 내가 하고 싶은 일 또는 최소한 큰 내적 저항 없이 받아들일 수 있는 일을 할 수 있도록 도와준다.

더 많은 사람이 생각 과잉을 딥 씽킹으로 바꾸는 데 성공할수록 사회 역시 더욱 살기 좋은 곳으로 바뀐다. 공개 토론을 비롯한 사회 구성원 사이 협상 과정에는 필연적으로 반복과 우회가 포함된다는 사실을 잊지 말아야 한다. 비록 같은 생각이 여러 번 제자리를 맴돌더라도 모두의 힘을 모아 실천으로 옮겨야 한다. 그래야 사회가 지탱된다.

선택의 여지가 거의 없거나 전혀 없는 상황에 갑자기 처하더라도 현명하게 고민할 줄 알면 된다. 딥 씽킹을 통해 금세 안정을 찾고 상황을 받아들이며 더 나아가 희망의 빛을 발견할 수 있다.

생각 과잉이 한 사람의 뇌 한구석에서만 일어나는 것이 아니라 사회 전반에 걸쳐 발생할 수도 있다는 사실도 알게 되었다. 생각 과잉을 현명하게 잘 다루는 것은 사회적 차원에서도 매우 중요하다. 여기서 현명하게 잘 다룬다는 의미는 문제를 대수롭지 않게 여기거나 정신적으로 몰아세운다는 뜻이 아니다. 이미 알고 있듯이 이런 방식은 장기적으로 효과가 없다.

여기서는 '자원 절약'이 가장 정확한 해석인 것 같다. 생각의 회전목마는 무한 동력 에너지로 돌아가는 것이 아니다. 몰래 정신 에너지를 끌어다 쓴다. 회전목마를 돌리는 데 모든 에너지를 쏟는 탓에 정작 회전목마에서 내려온 후에 써야 할 에너지가 고갈된다. 어지러움을 가라앉히지 못하면 땅에서 다시 안정감을 찾을 수 없다. 집중력과 어느 정도의 회복력이 있어야 현명하게 고민할 수 있고 명확한 시야를 얻을 수 있다. 그래야만 곧바로 다시 생각의 무한 루프에 빠지지 않는다.

이렇듯 정신 에너지를 현명하게 관리할 필요가 있다. 그러니 무작정 고민을 쳐내기 위해 들었던 마체테는 내려놓고, 대신 나침반과 쌍안경을 들자. 생각의 정글을 가장 효율적이고 효과적으로 헤쳐 나갈 수 있는 길이 어디인지 찾아내고, 볕이 잘 드는 오솔길을 따라 앞으로 열심히 나아가자.

조금 더 구체적으로 말하면, 생각을 억지로 부정하거나 무리하게 억누르지 말자는 뜻이다. 모든 생각에는 나름의 합당한 이유가 있고, 한동안 그 생각에 잠겨 있어도 괜찮다. 하지만 잠겨 있기만 해서는 안 된다. 뒤에 감추어진 여러 질문을 던져야 한다. 이 걱정은 타당한 걱정인가? 실제로 일어날 가능성이 얼마나 되는가? 가능성이 크다면 어떻게 해야 부정적인 영향을 최소화할 수 있는가? 가능성이 작다면 왜 이런 걱정들은 자꾸만 나를 괴롭히는가? 이런 식으로 어떤 두려움이 숨어 있고, 그 두려움이 실제 위협에 기반한 것인지 따져 봐야 한다.

　이 모든 것이 바로 딥 씽킹의 과정이다. 이 과정은 때로 너무 길어서 지루할 수도 있다. 하지만 분명 좋은 점도 있다. 딥 씽킹은 연습하면 할수록 점점 더 잘하게 된다. 딥 씽킹을 연습하는 과정에서 자기 자신을 더 잘 알게 되고, 스스로 사고 패턴을 이해하기 시작한다. 그리고 생각의 어느 부분이 문제인지 알게 되면 머릿속에 얽힌 생각의 매듭도 더 빨리 풀 수 있다.

더 좋은 생각을 위한
철학 지도

생각 과잉을 파고드는 여정에서 다양한 사상가들도 만났다. 탐험을 마무리하면서 그들과의 만남을 다시 떠올려 보자. 그들은 저마다 다른 성격과 다른 사상을 가지고 있었다. 하지만 하나의 공통점이 있었다. 바로 생각을 향한 열정이다. 생각을 금지하는 것은 철학자들에게 직업을 금지하는 것과 같다. 화가에게서 붓을, 작가에게서 키보드를 빼앗는 셈이다. 한 마디로 우리가 만난 철학자들은 모두 딥 씽킹의 대표 주자들이었다.

아무리 위대한 철학자라고 해도 딥 씽킹의 정상에 오르는 일이 쉽지 않았을 것이다. 하이데거나 횔덜린 같은 몇몇은 생각의 미로를 헤매다가 어둠의 세계로 빠져들기도 했다. 소크라테스나 브루노처럼 목숨을 잃은 이들도 있었다. 보부아르나 아렌트처럼 사회의 분노를 산 이들도 있었다. 그럼에도 생각의 여정에서 우리에게 아이디어를 주었던 모든 사상가들에게 "생각에 대한 열정 없이 살 수 있겠습니까?"라고 묻는다면, 그들은 틀림없이 "아뇨"라고 대답할 것이다. 확신할 수 있다.

그렇다면 충만하고 좋은 삶을 살기 위해 지금 당장 대학과 도서관으로 달려가야 할까? 당연히 그럴 필요는 없다. 물론 철학책을 읽지 말라고 만류할 마음도 없지만, 책에 담긴 사상보다 더 중요한 것은 의지, 그 자체다. 더 나은 삶을 살고자 깨달음을 얻기 위해 한 걸음씩 나아갔던 그들의 의지를 배워야 한다. 단지 생각을 줄이면 모든 문제가 해결된다는 조언에 속아 넘어가서는 안 된다.

불만족에 맞서는 최고의 무기는 비판적 사고다. 언제든 건설적으로 생각할 수만 있다면, 생각 과잉 앞에서도 통제할 힘을 얻는다. 이 과정에서 진정한 자신을 마주하고, 델포이 격언인 "너 자신을 알라"는 말의 진정한 의미를 깨닫는다. 마주한 자기 자신이 마음에 들지 않을 수도 있다. 하지만 부족함을 깨닫고 더 깊이 생각하면, 더 현명하게 살 수 있을지도 모른다.

결국 핵심은 딥 씽킹이다. 딥 씽킹은 문제를 피상적으로 얼버무리지도 않고, 그렇다고 문제 속에 생각을 가두지도 않는다. 철학 여행에서 만난 친구들이 이미 딥 씽킹의 모범을 보여 주었다. 우리도 얼마든지 그들처럼 나 자신을 제대로 인식할 수 있고, 주변 환경에 의문을 제기할 수 있다. 어쩌면 다른 사람들의 눈에는 너무 많이 생각하고, 오랫동안 생각의 무한 루프에 갇혀 있는 것처럼 보일지도 모른다. 하지만 그렇다고 해서 좌절할 필요도 없다.

딥 씽킹의 세계는 심오하다. 그래서 대개는 많은 시간이 필요하다. 일단 내 생각을 비판적으로 점검하며 새로운 관점으로 접근해야 한다. 그 과정을 통해 자기 자신과 진지한 내면의 대화를 나누어야 한다. 용감하게 "맞아, 나는 이런 두려움을 가지고 있어. 이제 그 두려움이 어디에서 왔고 나를 어디로 데려가는지 살펴보겠어"라고 말해 보자.

생각의 소용돌이에서 벗어나 한 걸음 물러서려면, 용기와 더불어 약간의 모험심도 필요하다. 소크라테스가 그랬던 것처럼 자기 자신에게 비판적 질문을 던질 수 있다. 여기서 비판적 질문이라는 것은 자책하며 모든 문제에 대한 책임을 혼자 지겠다는 의미가 아니다. 자신을 비난하고 탓하는 것은 분명 쉬운 선택이다. 하지만 그러면 생각의 회전목마에서 좀처럼 내려오지 못하고, 생각 과잉에 또다시 굴복하고 만다. 즉, 여기서 비판적이라는 것은 생각에 영향을 미치는 요인들이 무엇인지 깊이 생각한다는 뜻이다.

좀처럼 우리를 잠 못 들게 하는 어떤 걱정들은 종종 스스로 만들어 냈다기보다는 사회가 지운 기대와 관념에서 비롯되었는지도 모른다. 사회적 관념 중 어느 것에 기꺼이 순응할 수 있는지 정하는 것은 자신의 선택이다. 물론 모든 관념을 쉽게 거부할 수 있는 것은 아니다. 심지어 이런 관념은 대부분 불가피하거나 꼭 필요한 것들이다. 딥 씽킹을 강화할수록 어느 것이 불가피하고, 또 어느 것이 그렇지 않은지 더 잘 구별할 수 있다. 더 나아가 언제 스토아 철학의 가르침대로 평정심을 유지하려 노력해야 하고, 언제 실존주의적 혁명 정신을 발휘해야 하는지도 구별할 수 있다. 이럴 때 우리는 생각을 멈추는 것이 아니라 오히려 더 많이 생각하게 된다.

걱정에게도
충분한 시간이 필요하다

　나처럼 생각이 너무 많은 사람이 생각 과잉에 관한 책을 쓴다는 것은 사실 생각 과잉이 다음 단계로 발전했다는 뜻이기도 하다. 나는 이 책을 쓰는 내내 생각의 무한 루프에 갇혀 있었을 수도, 아니면 끝내 거기에서 빠져나왔을 수도 있다. 무엇이 정답인지 자문할 필요조차 없다. 어느 쪽이든 글을 쓰면서 내가 한 모든 생각은 결국 글 쓰는 작업의 일부분이었고, 가치 있는 활동이었다. 이 생각들은 나에게 많은 도움이 되었다. 하지만 장기적으로는 지치기도 했다.

　원래도 생각이 너무 많아 문제인 사람에게는 온갖 걱정으로 점철된 삶의 단계를 살아 내는 것 자체가 힘든 일이다. 현재 특히나 신경 써야 할 것이 많은 단계에 직면해 있다면 더욱 그렇다. 아무리 완곡하게 표현해도 그들은 몹시 힘든 상황일 것이다. 이 글을 쓰는 지금, 나 역시 임신 중이다. 아이가 태어나기 전에 책을 완성할 수 있을까? 아기가 태어나기는 할까? 모든 임산부가 겪을 수 있는 잠재적 재앙 중 하나가 나에게 발생하지는 않을까? 여전히 걱정이 태산이다.

원고를 집필하면서 가끔 생각하곤 한다. 역시 이런 책을 쓰기에 지금보다 더 나쁜 시기는 없다. 하지만 동시에 지금보다 더 좋은 시기도 없다. 찰스 디킨스^{Charles Dickens}의 소설 『두 도시 이야기』의 첫 문장을 빌려 오고 싶다.

> 최고의 시간이었고, 최악의 시간이었으며, 지혜의 시간이었고, 어리석음의 시간이었으며, 신앙의 시간이었고, 불신의 시간이었으며, 빛의 시간이었고, 어둠의 시간이었으며, 희망의 봄이었고, 절망의 겨울이었다. 우리 앞에는 모든 것이 있었고, 아무것도 없었다. 우리 모두 천국으로 곧장 가고 있었고, 우리 모두 그 반대 방향으로 가고 있었다.

하루하루 생각과 고민의 연속인 임신과 같은 예외적인 상황이 아니라면, 내가 언제 또 이토록 생생하게 생각 과잉에 관한 글을 쓸 수 있겠는가. 지금이 아니면 화려한 색채로 몰락하는 나의 생각들을 예리하게 관찰하고 의문을 제기하지 못할 것 같다. 지금이야말로 딥 씽킹을 실천할 완벽한 기회다.

그러니 있는 그대로 솔직하게 현실을 점검해야 할 때다. 더 많이 생각하는 것이 정말로 생각 과잉을 막는 데 도움이 될까? 아니면 나의 염원과 달리 결국 더 큰 생각 과잉의 구렁텅이로 나를 빠트릴까? 그렇게 나는 점점 원하지 않는 고민의 달인이 되어 가는 걸까? 잠깐, 하지만 나의 개인적인 결론은 이렇다. 생각은 도움이 된다. 항상 그렇다.

우리는 흔히 삶의 영역에서 생각하는 것과 구글 검색을 혼동한다. 하지만 생각이 많을수록 더욱 그래서는 안 된다. 나도 조사하고 검색하는 것을 아주 좋아하는 사람이지만, 과거 암투병과 그로 인해 현재 고위험군 임산부가 되면서 구글 검색을 극도로 조심해야 한다는 것을 깨달았다. 조심하지 않으면 진실과 충격적인 허위 정보가 아무렇게나 뒤섞인 소용돌이에 휩쓸릴 수 있다. 생각의 바다를 항해하는 사람이라면 수심이 얕아 보여도 항상 이 '정보의 바다'를 조심해야 한다.

종종 "분명 모든 일이 다 잘될 거야"라고 간단히 말할 수 있으면 좋겠다고도 생각했다. 하지만 비단 나뿐만이 아니라 보통 생각이 너무 많은 사람들은 그렇게 털어 버리기가 어렵다. 가끔은 그렇게 할 수 있는 사람들이 부럽기도 하다. 끝없이 생각의 쳇바퀴를 돌리는 나 같은 사람들에게는 다른 전략이 필요하다. 예를 들어 나는 수치와 데이터 그리고 여러 개인의 경험을 꼼꼼히 조사하고 검색한 다음, 스스로 결론에 도달할 때까지 충분한 시간을 들여 모든 자료를 곰곰이 생각한다.

물론 이런 방식은 때때로 부차적인 피해를 초래하기도 한다. 나의 경우 가장 큰 피해자가 주로 남편이다. 그는 내가 쏟아내는 말을 듣기 위해 새벽 3시에 잠에서 깨는 날이 허다하다.

물론 요란법석을 떨며 남편에게 "여보, 지금 당장 다른 의견을 들어봐야겠어. 방금 산전 진단이 가능한 병원에 온라인으로 예약했는데, 아, 잠깐만, 당신 혈액형이 뭐였지?"라고 말한다고 해서 새벽 3시에 할 수 있는 일이 갑자기 뚝딱 생기지 않는다. 하지만 모든 것을 충분히 생각하고 쏟아내면, 두려움이 주는 충격의 마비에서 벗어나는 데에는 어느 정도 도움이 된다. 나는 그 덕분에 다행히 동이 트기 전에 안도하며 "분명 모든 일이 다 잘될 거야"라고 말할 수 있었다. 그리고 실제로 정말 다 잘되었다.

솔직히 말해서 위기 상황에서 모든 것을 충분히 생각하는 데도 한계가 있다. 암 치료 중에는 육체적 피로가 너무 심해서 마치 정신이 자원을 아끼려고 스스로 스위치를 차단해 버린 것 같았다. 임신은 암 치료보다 더 희망적이었지만, '정신 에너지 절약 모드' 측면에서는 때로 비슷한 상태였다.

절약 모드에 들어가면 생각의 속도가 상당히 느려진다. 하루 16시간 정도 정신이 몽롱하고, 그 외의 시간에는 먹고 씻는 등 기본적인 일로 바쁘게 지낸다. 그러다 보면 생각의 쳇바퀴를 다시 돌릴 에너지가 더는 남아있지 않다. 게다가 호르몬이라는 끔찍하게 아름답고도 강력한 존재가 있다. 이 시기에는 "어휴, 저 이제 그런 걱정 안 해요"라고 말해서 주변 사람들을 놀라게 하기도 했다. 타고난 고민 중독자인 내가 정말 그런 말을 했다니, 나도 믿기지 않는다.

이렇듯 때로는 몸이 모든 걸 결정한다. 몸은 우리에게 휴식을 주고 심지어 해방감도 줄 수 있다. 살다 보면 여러 상황에서 얼마든지 일어날 수 있는 일이다. 예를 들어 사랑에 깊이 빠진 사람은 가볍게 훨훨 날아다닌다. 하지만 아픈 이별을 겪은 사람은 잠도 못 자고, 밥도 못 먹고, 종일 힘들어하다가 결국에는 완전히 지쳐서 몸이 스위치를 꺼 버린다.

시간이 지나면 상처도 아문다는 말은 상실과 슬픔을 겪는 순간에 흔히 듣는 말이다. 나는 이 말을 그다지 좋아하지 않는다. 첫째, 어떤 상처는 아무리 시간이 흘러도 완전히 아물지 않는다. 둘째, 이 말은 지나치게 달래는 뉘앙스를 풍긴다. 이런 뉘앙스는 상처를 대수롭지 않게 여긴다는 느낌도 든다. 그럼에도 시간이 약이라는 이 주장을 다르게 이해해 보려 한다. 그러면 정말로 시간은 생각 과잉을 막는 데 도움이 된다.

인간은 각자 필요한 만큼 모두 생각의 쳇바퀴를 돌리며 살아간다. 더러는 그 횟수가 아주 많을 수 있지만, 그렇다고 잘못된 것은 아니다. 고민의 여정은 저마다 다르기 때문이다. 중요한 것은 스스로 어느 순간 쳇바퀴에서 벗어날 적절한 때가 왔음을 깨닫는 것이다. 그 '적절한 때'를 알기 위해 더 깊이 생각해야 한다. 그것이 딥 씽킹의 역할이다. 이 책에서 만난 현명한 생각법으로 마침내 우리는 생각 과잉에서 벗어나 다른 방향으로 나아가기 위한 최고의 무기를 갖추었다.

그렇다고 하더라도 우리는 얼마든지 다시 생각의 회전목마에 오르고, 생각의 무한 루프에 갇힐 것이다. 이것은 해가 지고 밤이 오는 것만큼이나 당연한 일이다. 그 밤이 오면 또다시 잠들지 못해 뒤척일 수도 있다. 하지만 철학으로부터 배운 딥 씽킹의 손전등을 들었다면 어둠에 싸인 고민 위로 불을 비출 수 있다. 그렇게 잠 못 드는 밤을 조금은 환하게 만들 수 있다. 이것만으로도 이미 충분히 좋은 소식이 아닐까?

감사의 글

얼마 전 본가 다락방에서 초등학생 때 쓰던 '우정 노트'를 발견했다. 빨간 바탕에 검은 점들이 찍힌 표지가 무당벌레를 연상시켰다. "커서 뭐가 되고 싶니?"라는 질문에 나는 삐뚤빼뚤 서툰 글씨로 '작가'라고 적어 두었다.

항상 가장 좋아하는 과목에 '수학'이라고 적었는데, 지금 생각하면 놀라운 대답이다. 물론 좋아하는 과목은 나중에 결국 바뀌게 된다. 작가가 되겠다는 꿈도 그랬다. 나는 자라면서 점차 이 꿈을 포기했다. 작가가 되고 싶은 마음이 약해진 것은 아니었다. 철이 들었기도 했고, 그것보다는 내 안의 불안감과 생각이 많아도 너무 많아져서였다.

"잘 지내지 못해요, 고마워요." 이것은 나의 첫 대중서의 제목이기도 하다. 박사 학위 논문도 출판되긴 했지만, 대중서라고는 볼 수 없으니 이 책이 '진짜' 첫 책인 셈이다. 이 첫 책은 혼자 쓴 것이 아니라 절친한 친구 프란츠와 함께 썼다. 둘 다 한계에 도전해야 할 만큼 힘들었지만, 동시에 평생 자랑스러워할 결과물을 완성한 보람찬 경험이었다. 이 경험은 나에게 용기를 주고, 마침내 글쓰기에 뛰어들 힘을 주었으며, 심지어 내 생애에 단독 저서를 낼 수 있는 기회까지 만들어 주었다.

하지만 혼자 힘으로 책을 쓰는 사람은 없다. 많은 사람이 이 여정에 함께해 주었고, 이 자리를 빌려 그들 모두에게 감사를 전하고자 한다.

쾨젤 출판사에 감사드린다. 특히 나를 꾸준히 지지해 주고, 나와 내 글을 믿어 주고, 더 분발하도록 격려해 준 편집자 막스 바흐만에게 감사하다. 그리고 내가 "계속 글을 쓰고 싶어요"라고 말했을 때 바로 귀 기울여 들어 주고, 임신으로 인해 조금 벅찼던 막바지에도 격려와 위로의 말을 건네 준 편집자 율리아 슈테르트호프에게도 감사드린다.

내가 절친이라고 부를 수 있는 멋진 친구들! 그들은 필요할 때마다 나와 함께 고통을 겪고, 솔직한 의견을 말해주고, 희망을 주었다. 덕분에 나는 절망에서 벗어날 수 있었다.

작가로서 느낄 수 있는 진정한 감정을 내게 알려 준 나의 디지털 글쓰기 친구 아니카 뢰슬러에게 감사하다.

전문 지식, 끊임없는 공감, 탁월한 반려견 돌봄 기술을 보여 준 야니나 야누렉 박사에게 감사드린다.

암 투병 기간에 알게 된 인상 깊은 여성들에게 감사드린다. 그들과 함께라면 험난한 길도 조금은 수월해질 것만 같다.

어떤 상황에서든 실용적이고 정서적인 지원을 아끼지 않은 페어디가도verdigado의 동료들에게 감사하다.

그리고 마지막으로 가장 중요한 가족, 특히 남편 마르틴에게 감사하다. 그는 지금의 내가 될 수 있도록 매일 사랑과 인내심으로 도와주고 있다.

주석

1부 소용돌이에 갇힌 생각

1. 비교. Smith, Gwendoline, The Book of Overthinking. How to Stop the Cycle of Worry, London 2021, S. 17 f.
2. Kettler, Maxine, Warum wir endlich mit »Overthinking« aufhören sollten, in: Strive Magazin (5.12.2021).
3. Kraa, Nikola, Beziehung kaputt denken: Anzeichen und Tipps zur Bewältigung, in: Bunte (13.05.2024).
4. 비교. Wadström, Olle, Kopfzerbrechen. Wenn das Grübeln zur Belastung wird, Paderborn 2019, S. 17.
5. 비교. Bornhauser, Andrea, Ich, die Mogelpackung: Leben mit dem Imposter-Syndrom, in: NZZ, 5.10.2024.
6. 비교. Wadström, S. 18 f.
7. 비교. Teismann, Tobias, Grübeln. Wie Denkschleifen entstehen und wie man sie löst, Köln 20183, S. 15 ff.
8. Informationen zum Thema »Wann ist Overthinking pathologisch?«: Interview mit der Psychologin Dr. Janina Janurek, geführt von der Autorin im Dezember 2024.
9. Nolen-Hoeksam, Susan, Warum Frauen zu viel denken, Frankfurt 2004, S. 13.
10. Montell, Amanda, The Age of Magical Overthinking. Notes on Modern Irrationality, New York 2023, S. 1.; eigene Übersetzung.
11. 비교. Marples, Meghan, Pandemic denial: Why some people can't accept Covid-19's realities.
12. 비교. Aerzteblatt, Arbeitsausfall durch psychische Erkrankungen steigt auf neuen Höchststand.
13. AXA Mental Health Report 2023.
14. 비교. Wadström, S. 23–40.
15. 비교. Magee, Joshua; Harden, K Paige; Teachman, Bethany, Psychopathology and thought suppression: A quantitative review, in: Clinical Psychology Review 32 (2012), S. 189–201.

16. 예를 들어 청각 신호를 촉각 신호로 대체하는 치료법은 사회적으로 용인되는 하나의 대
안으로서 종종 권장되기도 했다. 통증 자극 역시 동일한 효과를 낼 수 있기 때문이다. 물
론 이것이 의도적으로 벽에 머리를 부딪치라는 의미는 아니다. 그런 행동이 집요한 불안
의 즉각 잠재우는 효과가 있긴 하지만, 그보다는 팔을 꼬집는 것과 같은 미세한 자극을 주
는 것이 더욱 바람직하다.

17. 비교. McKay, Dean; Abramowitz, Jonathan; Storch, Eric, Ineffective and
Potentially Harmful Psychological Interventions for Obsessive-Compulsive
Disorder, in: International OCD Foundation.

18. 비교. Purdon, Christine, Empirical investigations of thought suppression in
OCD, in: Journal of behavior therapy and experimental psychiatry, Vol. 35,2
(2004), S. 121–36.

19. 비교. Robinson, Bryan, The 90-Second Rule That Builds Self-Control, in:
Psychology Today, 26.4.2020.

20. 비교. Soon, Chun Siong, Brass, Marcel, Heinze, Hans-Jochen, Haynes, John-
Dylan, Unconscious determinants of free decisions in the human brain, in:
Nature Neuroscience 11 (2008), S. 543–545.

21. Heidegger, Martin, Was heißt Denken?, in: 동일 저자, Gesamtausgabe Band 8,
Frankfurt 2002, S. 5.

22. Am damaligen Schachsuperstar Garri Kasparow scheiterte Deepthought
allerdings, trotz der 720 000 Figurenkonstellationen, die der Computer pro
Sekunde verarbeitete. (비교. Byrne, Roberts, Chess-Playing Computer Closing
in on Champions, Printausgabe der New York Times vom 26.9.1989.)

23. Douglas Adams: Why 42?, in: alt.fan.douglas-adams (Google Groups),
3.11.1993.

24. Auch im Forschungsfeld Künstliche Intelligenz taucht der Begriff bisweilen
auf. Hier meist als komplementäres Konzept zum Deep Learning. 비교. Kaeser,
Eduard, Deep Learning braucht Deep Thinking, in: NZZ 10.10.2020.

2부 달아날 수 없는 생각

1. 비교. Szaif, Jan, Naturbegriff und Güterlehre in der Ethik des Aristoteles, in: Was
ist das für den Menschen Gute? Menschliche Natur und Güterlehre, hrsg. v.ders;
Lutz-Bachmann, Matthias, Berlin 2004, S. 63–65.

2. 비교. Saum-Aldehoff, Thomas, Fünf Freuden der Ferne, in: Psychologie Heute
7/2024, S. 38 f.

3. 비교. Tolkien, J.R.R., On Fairy Stories. Expanded Edition with Commentary and
Notes, hrsg. v., Flieger, Verlyn; Anderson Douglas, London 2014, S. 27–84.

4. 비교. Scheck, Denis, Wie Tolkien die Fantasy-Literatur erfand, in: Welt, Ausgabe
vom 14.4.2017.

5. 비교. 동일 저자.

6. Xenophanes, Fragmente 23 und 24, zit. Nach: Die Vorsokratiker, hrsg. v. Capelle, Wilhelm, Stuttgart 1968, S. 121.

7. 비교. Klotz, HK, Cottagecore, a beautiful aesthetic with issues to address, 22.3.2021, The Michigan Daily.

8. 비교. Herrmann, Lea, Cottagecore: Nachhaltiger Lebensstil oder Fashion-Trend?, 9.4.2022.

9. 비교. Himmelmann, Nikolaus, Über Hirten-Genre in der antiken Kunst, Opladen 1980, 13 ff.

10. 비교. Hartmann, Robin, Hameau de la Reine – das skurrile Bauerndorf im Schlossgarten von Versailles, in: TravelBook.

11. 과거부터 지금까지 '비더마이어'라는 개념은 긍정적으로 사용되지 않는다. 1815년 빈 회의와 1848년 3월 혁명 사이, 특히 독일어권 지역 중산층의 '예술과 생활 방식'을 일컫는 이 시대적 명칭은 1855년경 비로소 자유주의 세대에 의해 명명되었다. 이는 '정치·사회적 격변에도 불구하고 개인의 도덕과 가정생활에만 몰두하며 소시민적 삶을 영위한 인물상'에 대한 일종의 멸칭이었다. (참조. Lutz, Dagmar, Die Kunst des Biedermeier, Stuttgart 2010, S.6.)

12. 비교. Grötemaker, Manfred, Deutschland im 19. Jahrhundert. Entwicklungslinien, Wiesbaden 19893, S. 102 f.

13. 비교. Noack, Bernd, Leben wir gerade in einem neuen Biedermeier oder nur in einer schlechten Kopie davon?, in: NZZ 3.3.2021.

14. 이 지점에서는 자기반성이 필요하다. 전 세계적으로 재택 근무의 안전함 속에서 충분한 자원을 갖춘 채 '횔덜린식 독해'에 몰두할 수 있는 여유를 누린 사람은 극히 드물었다. 부유한 국가로 손꼽히는 독일 내에서조차 '봉쇄 조치(Lockdown)' 기간 동안 계급적 불평등은 그 어느 때보다 극명히 드러났다. 특히 가족 단위의 고충이 컸는데, 자녀 양육, 가정폭력 등의 문제로 무엇보다 여성들의 삶이 질이 크게 악화되었다. 따라서 횔덜린의 시를 연구할 수 있었던 이들은 매우 특권적인 위치에 있었다고 볼 수 있다.

15. 비교. Peschel, Sabine, Hölderlin: Zwischen Hoffnung und Weltflucht.

16. Hölderlin, Friedrich: Sämtliche Werke. 6 Bände, Band 2, Stuttgart 1953, S. 294.

17. 비교. etwa Bertaux, Pierre, Friedrich Hölderlin, Frankfurt 1981.

18. Hölderlin, Friedrich: Sämtliche Werke. Große Stuttgarter Ausgabe, hrsg. v. Friedrich Beißner et al, Stuttgart 1943–1985, Band 7.3, S. 134.

19. 비교. Safranski, Rüdiger, Hölderlin. Komm! ins Offene, Freund!, München 2019, S. 278–285.

20. 비교. Deutschlandfunk Kultur, Ein Dichter in dürftiger Zeit. Friedrich Hölderlin, Ein Gespräch moderiert von Dorothee Westphal.

21. 비교. Heidegger, Martin, und dichterisch wohnet der Mensch, in: 동일 저자, Vorträge und Aufsätze, Stuttgart 200911, S. 181 ff.

22. S. Bernhard, Thomas, Alte Meister, Frankfurt am Main 1985, S. 87 ff.

23. S. Lutz, S, 33 f.

24. 비교. Thiele, Carmela, Caspar David Friedrich. Bilder von Hoffnung und Einsamkeit, Deutschlandfunk Kultur, 7.5.2015.

25. 비교. Demmelhuber, Sandra, Haberlander, Christine, Influencer-Hotspot »Infinity-Pool« am Königssee wird gesperrt.

26. 비교. Holtmeyer, Anette, Bayerische Traditionen.

27. 비교. Wallnöfer, Elsbeth, Tracht Macht Politik, Wien 20212, S. 189–198.

28. 비교. Fatoba, Kemi, Alles ist politisch: Warum ich auf Social Media nicht die »Botschafterin« sein möchte, in: Vogue Germany, Ausgabe vom 23.2.2021.

29. 비교. Hinz, Daniel, Klaasohm auf Borkum. »Die Frauen, die verhauen wurden, die wollten das«, Zeit online (6.12.2024).

30. 비교. Friedan, Betty, The Feminine Mystique, New York 1963, S. 16.

31. 비교. Friedan, S. 18 ff.

32. 비교. Friedan, S. 22 ff.

33. 비교. McNeal, Stephanie, Why does Ballerina Farm make moms so mad?, in: Glamour, 22.1.2024.

34. Beauvoir, Das andere Geschlecht. Sitte und Sexus der Frau. Rowohlt, Hamburg 1951, S. 265.

35. 비교. Vintges, Karen. Zur Ethik bei Simone de Beauvoir. Essay, in: APuZ (Aus Politik und Zeitgeschichte) 13.12.2019.

36. 비교. Zykunov, Alexandra, »wir sind doch alle längst gleichberechtigt!« 25 Bullshitsätze und wie wir sie endlich zerlegen, Berlin 2022, S. 16–40.

37. 비교. Rösler, Annika; Höllrigl-Tschaikner, Evelyn, Mythos Mutterinstinkt. Wie moderne Hirnforschung uns von alten Rollenbildern befreit und Elternschaft neu denken lässt, München 2023, S. 24–30.

38. 비교. Grose, Jessica, ›Tradwife‹ Content Isn't Really for Women. It's for Men Who Want Submissive Wives, NYT 15.5.2024.

39. 비교. The CommentSection/DailyWire.

40. 비교. Marcotte, Amanda, The insidious rise of »tradwives«: A right-wing fantasy is rotting young men's minds, Salon.com 27.11.2023.

41. 비교. Hinrichs, Per, Andrew Tate, der Inbegriff toxischer Männlichkeit, Welt am Sonntag 19.3.2024.

42. 비교. Ex-Mormone im Interview. »Wie am Fließband Tote taufen«, Interview vom 29.12.2012.

43. Zit. n. Bruno, Camilla Romana, Giovanetti, Francesco, Centrodestra in piazza, La Repubblica, 20.10.2019.

44. 비교. Schwarz, Carolina, Girl Boss Fascism. Giorgia Meloni als Mutter der Nation, in: taz.de, 1.10.2022. sowie Interview von Giorgio Meloni mit Donna Moderna.

3부 관계를 다루는 생각

1. 비교. Waldinger, Robert, What makes a good life? Lessons from the longest study on happiness, TED Talk, https://youtube/8KkKuTCFvzI (Stand: 10.09. 2024)

2. 이는 해당 연구가 진행된 미국에서 특히 두드러지는데, 대다수 유럽 국가와 달리 미국은 보편적 건강보험을 제공하지 않기 때문이다. 그럼에도 독일을 포함한 유럽 역시 경제적 격차가 건강 상태에 뚜렷한 영향을 미치고 있다. 비교. Nagels, Philipp, Reiche Menschen haben mehr gesunde Lebensjahre als arme, in: Welt, 7.7.2021.

3. 비교. Spitzer, Manfred, Einsamkeit. Die unerkannte Krankheit, München 2018, S. 196–216.

4. 비교. Stephan, Inge, Aufklärung, in: Deutsche Literaturgeschichte: Von den Anfängen bis zur Gegenwart, hrsg. v. Beutin, Wolfgang (et al.), Stuttgart 19924, S. 145 f.

5. 비교. Ranft, Dorothee, Wann Liebeskummer pathologisch wird, in: Medical Tribune, 11.2.2022

6. 비교. Walter, Henrik, Liebeskummer. Unter der psychiatrischen Lupe, in: Nervenheilkunde 2021; 40: 963–976; doi:10.1055/a-1650-2810.

7. 비교. Fisher, Helen, Lost Love. The Nature of Romantic Rejection, in: Cut Loose. (Mostly) Older women talk about the end of (mostly) long-term relationships, hrsg. Bv. Bauer-Magalin, Nan, New Brunswick 2006, S. 182–195.

8. 비교. Berman, Sarah, This YouTube School Promised True Love. Students Say They Got Exploited Instead, Vice 5.2.2020.

9. 비교. Romano, Ajo, Explaining »Twin Flames«, the subject of Netflix's disturbing new documentary, Vox.com 14.11.2023.

10. 비교. Zornosa, Laura, The Biggest Revelations From Netflix's mEscaping Twin Flames Documentary, Time Magazine 8.11.2023.

11. Siehe zb. Google Zeitgeist, Alain de Botton, How Romanticism Has Destroyed Love Zit. n. de Botton, eigene Übersetzung.

12. 비교. Deutschlandfunk Nova, Romantische Liebe. Wie wir Disney hinter uns lassen.

13. 비교. Newerla, Andrea, Das Endes des Romantikdiktats: Warum wir Nähe, Beziehungen und Liebe neu denken sollten, München 2023, S. 56 ff.

14. 비교. Schmid-Bortenschlager, Sigrid, Liebe, Sexualität und Ehe. Vernunft und Leidenschaft im Roman des 18. Jahrhunderts, in: Liebe und Widerstand. Ambivalenzen historischer Geschlechterbeziehungen, hrsg. v. Bauer, Ingrid; Hämmerle, Christa, Hauch, Gabriella, Wien et al. 20092, S. 84 f.

15. 비교. Statista 2024, Scheidungsquote in Deutschland von 1960 bis 2023, Juni 2024.

16. 비교. Werner, Judith, What is love? Die schwedische Comiczeichnerin Liv

Strömquist erklärt uns die Liebe, in: Missy Magazine, 03/2018, S. 24 f.

17. 비교. Hegemann, Eric, Die Disneyfizierung der Liebe – Mythos Liebe auf den ersten Blick.

18. 비교. Sartre, Jean-Paul, Der Existentialismus ist ein Humanismus und andere philosophische Essays, Hamburg 2002, S. 155.

19. 비교. Kaube, Jürgen, Hegels Welt, Berlin 20202, S. 152–181.

20. Hobbes, Thomas, De Cive or The Citizen, hrsg. v. Lamprecht, Sterling, New York 1949, S. 13.

21. Rimbaud, Arthur, Poésies. Une saison en enfer. Illuminations, Paris 1999, S. 88.

22. 비교. Ostritsch, Sebastian, Hegel. Der Weltphilosoph, Berlin 2020, S. 159–161.

23. 비교. Kaltheuner, Friederike, Was soll das? Jean-Paul Sartre: »Die Hölle, das sind die anderen«, in: Philosophie Magazin, 2/2012, S. 63.

24. 비교. Salaverría, Heidi, Gefährdete Anerkennung – Der Raum der Intersubjektivität bei Lévinas und Butler, in: Konstitutionsformen des sozialen Raumes. Sonderband Journal Phänomenologie, hrsg. v. Bedorf, Thomas; Unterthurner, Gerhard, Würzburg 2009, S. 65.

25. Siehe Lévinas, Emmanuel, Ethik und Unendliches, zit. n. Enjalbert, Cedric, Emmanuel Lévinas und das Antlitz.

26. 비교. Staudigl, Barbara, Emmanuel Lévinas, Göttingen 2009, S.17.

27. 비교. Enjalbert.

28. Staudigl, S. 49.

29. 비교. Staudigl, S. 66.

30. 비교. Waldenfels, Bernhard, Freiheit angesichts des Anderen Lévinas und Sartre: Ontologie und Ethik im Widerstreit, S. 99 f., in: Verfehlte Begegnung. Lévinas und Sartre als philosophische Zeitgenossen, hrsg. v, Bedorf Thomas und Cremoni, Andreas, München 2005.

31. 비교. Staudigl, S. 66 f.

32. 비교. Villines, Zawn, People pleaser: What it means and how to stop, in: Medical News Today, 1.3.2023.

33. Bossmann, Ulrike, People Pleasing. Raus aus der Harmoniefalle und weg mit dem schlechten Gewissen, Weinheim 2023, S. 37.

34. 비교. Friess, Delia, Stoppt Eure Harmoniesucht, BR Alpha (1.3.2024)

35. Bossmann, S. 17.

36. 비교. Grawe, Klaus, Neuropsychotherapie, Göttingen 2004, zitiert nach: Bossmann, S. 16.

37. 비교. Bossmann, S. 17 f.

38. 비교. University of Adelaide, The people-pleasing predicament.

39. Bachmann, zit. n. Friess.

40. 비교. Bryce, Hoffman, Availability Heuristic: What It Is And How To Overcome It, Forbes 6.10.204.

4부 더 좋은 세상을 위한 생각

1. 비교. Reiff, Susanne, Steigende Lebenserwartung: Die Menschen werden immer älter.
2. Durkheim, Èmile, Über soziale Arbeitsteilung, Frankfurt 1992, S. 82
3. 비교. Delitz, Heike, Émile Durkheim zur Einführung, Hamburg 2013, S. 108 – 120.
4. Pressemitteilung der Bertelsmann Stiftung, Trotz Arbeit haben Alleinerziehende noch immer das höchste Armutsrisiko, 25.6.2024.
5. 비교. Menne, Sarah, Funcke, Anja, Factsheet Alleinerziehende in Deutschland 2024, DOI 10.11586/2024091.
6. 비교. Lehmann, Jennifer, Durkheim and Women, Lincoln/London 1994, S. 51 ff.
7. 비교. Zykunov, S. 16–28.
8. 비교. Ausführungen von Jutta Allmendinger in: Verliererinnen der Krise: Wie die Pandemie Frauen nicht nur ausgebremst, sondern ihnen nachhaltig geschadet hat, RedaktionsNetzwerk Deutschland, 2.3.2023.
9. Gottschalk in der Talkrunde »Kölner Treff«, zitiert nach.
10. 비교. Kemter, Matthias, Was bedeutet »woke«? Bedeutung und Herkunft erklärt, in: Stuttgarter Zeitung, 01.09.2021.
11. Yu, Liya, Toleranz fällt unseren Gehirnen schwer, in: philosophie Magazin, Sonderausgabe 31 2024/2025, S. 30–34, hier: S. 32/33.
12. 비교. Hölter, Katharina, »Das Problem ist und bleibt unsere patriarchale Gesellschaft« Interview mit Prof. Gabriele Diewald.
13. 비교. Stokowski, Margarete, Auch durch Astronautinnen ändert sich nicht alles.
14. 비교. Weisband, Marina, Problem »False Balance«. Journalisten sollen einordnen, Deutschlandfunk 9.6.2021.
15. Nach aktueller Rechtslage (2024) ist eine Abtreibung in Deutschland grundsätzlich eine Straftat, allerdings ist sie bis zur zwölften Woche unter bestimmten Voraussetzungen straffrei und damit umgangssprachlich gesagt: erlaubt.
16. 비교. tagesschau vom 15.11.2024, Union empört über Vorstoß zu Schwangerschaftsabbruch.
17. Umfrage des Meinungsforschungsinstituts Forsa aus dem April 2024, zit nach; weitere Umfragen kamen sogar noch zu höheren Werten von um die 80 Prozent pro Abschaffung des Paragraphen.
18. 비교. Waltz, Manuel, Bürokratie. Gefürchtet und unbeliebt – aber absolut notwendig.
19. 비교. Kunze, Romina, Anreise-Chaos bremst Ösi-Party.
20. 비교. Stafford-Bloor, Sebastian, Euro 2024 and German Efficiency: Forget everything you thought you knew, NYT 18.6.2024.

21. Zum Thema toxische Positivität siehe mein Vorgängerbuch: Danke, nicht gut. Für reflektierte Gelassenheit statt toxischer Positivität, München 2023.

22. Eigene Übersetzung. Originalzitat.

23. Siehe Zahlen des Bundesministeriums für Wirtschaft und Klimaschutz vom 1.3.2024.

24. 비교. Fraser, Nancy, Jaeggi, Rahel, Kapitalismus. Ein Gespräch über kritische Theorie, Berlin 20212, S. 11.

25. 비교. Jaeggi Rahel, Was (wenn überhaupt etwas) ist falsch am Kapitalismus?, Working Paper der DFG KollegforscherInnengruppe Postwachstumsgesellschaften, Nr. 01/2013, Jena 2013, S. 18 ff.

26. 비교. Jaeggi im Interview mit Thilo Jung, Jung & Naiv: Folge 676.

27. 비교. Lott, Yvonne, Bünger, Paula, MENTAL LOAD Frauen tragen die überwiegende Last, WSI Report Nr. 87, Hans-Böckler-Stiftung, August 2023.

28. James, William, Pragmatismus, Leipzig 1908, S. 125.

29. 비교. Ernst, Oliver, Wahrheit, Systemtheorie und Subjektivität, Dissertation am Institut für Philosophie der Humboldt Universität, Berlin 2014, S. 58–62.

30. Siehe Pressemitteilung der Techniker Krankenkasse.

31. 비교. DPA /ZDF heute, Gewerkschaft der Polizei: Neue Grenzkontrollen zeigen kaum Wirkung, 25.9.2024.

32. 비교. Freund, Alexander, Irres Beweisfoto: Die Erde ist (k)eine Scheibe!, Deutsche Welle,

33. 비교. Golla, Rajiv, Zwei Tage mit 500 Menschen, die glauben, dass die Erde eine Scheibe ist, Vice.

34. S. Ansprache von Bundeskanzlerin Angela Merkel am 20.12.2016.

35. 비교. Von Gehlen, Dirk, Das Pragmatismus-Prinzip, München 2018, S. 84 ff.

5부 삶을 완성하는 생각

1. 비교. Washington Post, President Trumps list off false and misleading claims tops 1000, 22.8.2017.

2. Studien und Zitate der US-Wissenschaftler nach zdf heute, Infosheet-Post vom 3.11.2024.

3. 비교. Wolfram Eilenberger im Podcast Apokalypse und Filterkaffee, Folge vom 12.10.2024.

4. Studien und Zitate der US-Wissenschaftler nach zdf heute, Infosheet-Post vom 3.11.2024.

5. 비교. Müller, Sigrid, Der Rückgriff auf die antiqui: Oder die Bedeutung der philosophischen Schulen für die mittelalterliche Ethik und ihre Erforschung, in: Ars und Scientia im Mittelalter und der Frühen Neuzeit, Tübingen u. a. 2002, S.

109–123.

6. 비교. Vosoughi, Soroush et al., The spread of true and false news online, in: Science 359 (2018), (DOI:10.1126/science.aap9559), S. 1146–1151.

7. 특히 문제가 되는 상황은 허위 보도가 다양한 매체, 심지어 일부 기성 언론들을 통해 동시다발적으로 확대될 때다. 이 경우 아무리 비판적인 독자라도 해당 사안에 대한 취재에 대한 판단하는 것이 사실상 불가능해진다. 이에 관한 대표적인 사례가 바로 사담 후세인의 실각 사건이다. 2002년과 2003년 사이, 거의 모든 미국의 주요 언론은 조지 W. 부시 행정부의 논리를 그대로 따랐다. 조지 부시의 논리는 이라크가 '대량살상무기(WMD)'를 보유하고 있으며, 사담 후세인이 2001년 9.11 테러 계획에 가담했다는 것이었다. 당시 《워싱턴 포스트》의 칼럼니스트 리처드 코언이 남긴 "오직 바보와 아마도 프랑스인만이 제시된 증거를 의심할 것"이라는 문장은 매우 유명해졌다. 하지만 오늘날 우리는 그 정보들이 모두 거짓이었음을 알고 있다. 증거는 존재하지 않았으며, 이라크의 대량살상무기 또한 애초에 없었다. (비교. Muno, Martin, Fake News, Lügen, Zeitungsenten, Deutsche Welle 11.1.2027.)

8. 비교. Vojta, Sarah/dpa, Korruptionsbekämpfer fordern Konsequenzen aus der Maskenaffäre, Zeit Online 9.3.2021, sowie 동일 저자., Abgeordnete erhalten bei Bestechung künftig härtere Strafen, Zeit Online 25.4.2024.

9. 비교. Muckel, Petra, Grubitzsch, Siegfried, Untersuchungen zum Begriff der »Lebenswelt«, in: Psychologie und Gesellschaftskritik, 1993, Heft 17(3/4), hier: S. 120–124.

10. 비교. Husserl, Edmund, Die Krisis der europäischen Wissenschaften und die transzendentale Phänomenologie, hrsg. v. Ströker, Elisabeth, Hamburg 2012, S. 5.

11. 비교. Husserl, S. 4.

12. 비교. Luft, Sebastian, Husserls Transzendentalphilosophie, in: Information Philosophie, Heft 3/2014, S. 41–62.

13. Husserl, S. 5 f.

14. 비교. Mayer, Verena, Edmund Husserl, München 2009, S. 139 f.

15. 비교. Jun, Wang, Lebenswelt als phänomenologischer Begriff und ihre interkulturelle Bedeutung, in: Literaturstraße. Chinesisch-deutscheZeitschrift für Sprach-und Literaturwissenschaft, hrsg. v. Feger, Hans, Chamat, Natalie, Sonderband Nr. 20 (2019), S. 259–269.

16. 비교. Domschke, Katharina; Hoyer, Jürgen, Angststörungen (ICD-10 F4), in: Therapie psychischer Erkrankungen, hrsg. v. Voderholzer, Ulrich; Hohagen, Fritz, München 202116, S. 287.

17. Daten des ADAC.

18. 비교. Solnit, Rebecca zitiert nach Wurmb-Seibel: Hoffnung in der Dunkelheit. Unendliche Geschichten – wilde Möglichkeiten, München 2005, S. 38.

19. Von Wurmb-Seibel, Ronja, Wie wir die Welt sehen. Was negative Nachrichten mit unserem Denken machen und wie wir uns davon befreien, München 20223, S. 21.

20. 비교. Von Wurmb-Seibel, S. 220.

21. Arendt, Hannah, Menschen in finsteren Zeiten, München 20237, S. 304.

22. 하지만 브레히트의 시에 대한 아렌트의 찬사는 결코 당연한 것이 아니다. 『어두운 시대의 사람들』에 수록된 브레히트 관련 장에서, 아렌트는 그를 매우 비판적으로 바라본다. 아렌트의 견해에 따르면, 브레히트는 나치즘의 반유대주의를 너무 뒤늦게 인정하려 했다. 대신 그는 자본주의에 대한 논쟁과 계급 투쟁 문제에 몰두했으며, 이러한 성향은 당시 그의 작품들에 고스란히 투영되었다. 아렌트는 이 시기 브레히트의 작품들을 모두 실패작으로 간주한다. (비교. Arendt, S. 301 ff.)

23. Brecht, Bertolt, Gedichte II, in: Gesammelte Werke, hrsg. v. Hauptmann, Elisabeth & Suhrkamp Verlag, Frankfurt 19813, S. 661.

24. 비교. Arendt, S. 303.

25. Epiktet, Lehrgespräche, 2.5.4–5, zit. nach. Holiday, Ryan, Der tägliche Stoiker, München 2017, S. 17.

26. Aurel, Marc, Selbstbetrachtungen, übers. v. Capelle, Wilhelm, überarb. v. Fündling, Jörg, Stuttgart 200 813, S. 5 (1. Buch, 7.7).

옮긴이 배명자

서강대학교 영문학과를 졸업하고, 출판사에서 8년간 편집자로 근무했다. 그러던 중 대안교육에 관심을 가지게 되어 독일에서 유학했고 뉘른베르크 발도르프 사범학교를 졸업했다. 현재 바른번역 소속 번역가로 활동 중이다. 옮긴 책으로《어두울 때에야 보이는 것들이 있습니다》,《아비투스》,《나는 나를 다시 설계하기로 했다》,《불확실성의 시대》,《호르몬은 어떻게 나를 움직이는가》,《초판본 독일인의 사랑》 등이 있다.

씽크 딥

초판 1쇄 발행 2026년 4월 29일

지은이 유디트 베르너 Judith Werner
옮긴이 배명자
펴낸이 김선준, 김동환

편집이사 서선행
책임편집 서윤아 **편집2팀** 최한솔, 오시정, 한용선
본문 디자인 엄재선 **표지 디자인** 정란
마케팅팀 권두리, 이진규, 신동빈
콘텐츠본부장 조아란
콘텐츠팀 이은정, 장태수, 권희, 박미정, 조문정, 이건희, 박지훈, 송수연, 김수빈, 현유진, 정지호
경영관리 송현주, 윤이경, 임해랑, 정수연

펴낸곳 페이지2북스
출판등록 2019년 4월 25일 제 2019-000129호
주소 서울시 영등포구 여의대로 108 파크원타워1, 28층
전화 070)4203-7755 **팩스** 070)4170-4865
이메일 page2books@naver.com
종이 화인페이퍼 **인쇄·제본** 한영문화사

ISBN 979-11-6985-200-5 (03100)

- 책값은 뒤표지에 있습니다.
- 파본은 구입하신 서점에서 교환해 드립니다.
- 이 책은 저작권법에 의하여 보호를 받는 저작물이므로 무단 전재와 복제를 금합니다.